髙口光子の はじめてのケアリーダー編

介護保険施設における 看護 介護 のリーダー論 その2

髙口光子
杉田真記子 共著

Starting Care Team Leader

医歯薬出版株式会社

This book was originally published in Japanese
under the title of :

TAKAGUCHIMITSUKO NO
HAJIMETE NO KEARIIDAHEN
KAIGOHOKENSHISETSU NIOKERU KANGO KAIGO NO RIIDARON Sono 2
(A Handbook for Starting Care Team Leaders
  Leadership of nursing and care in long term care house Vol.2)

Editor :
TAKAGUCHI, Mitsuko
  Care Worker and Physical Therapist
SUGITA, Makiko
  First-Class Registered Architect

© 2007 1st ed.

ISHIYAKU PUBLISHERS, INC.
  7-10, Honkomagome 1 chome, Bunkyo-ku,
  Tokyo 113-8612, Japan

はじめに

　厳しい冬が過ぎ，お年寄りやスタッフの風邪がひと通り落ち着くころ，ある日突然，「チョットチョット」と呼ばれ，「リーダー(主任)になってくれない」と上司から言われます．高校や専門学校を卒業して勤務2，3年の若さで，はじめて「リーダー」という職種を考えます．

　でも「なぜわたしが？」「リーダー(主任)って何するの？」「ただ忙しくなるだけでは？」と，不安感が募るばかりではありませんか？

　この本では，介護老人保健施設「ききょうの郷」および「鶴舞乃城」(ともに静岡県)で業務改善を行った際に，新しく台頭してきた若手リーダーの成長ぶりを追いながら，「はじめてのケアリーダー」に必要とされる事項を，事例や参考資料を掲載しながらわかりやすく整理してみました．

　本来，ケアリーダーとはおもしろい仕事です．ケアの本当のおもしろさを実感したければ，ぜひこの「リーダー職」に正面から挑戦し，そして「あなたらしいケアリーダー」をつくり上げてみてください．

　そして，リーダーでなくても，入職して3年目の壁にぶつかりそうなあなたのお役に，少しでもたてればとも思います．

　この本の右頁に〈Self Reform〉の欄を設けました．あなた自身をふり返えるキッカケとして使ってみてください．

髙口　光子
杉田真記子

凡例

文中に　⇒ **資料編7-2-5(145頁)**　　⇒ **実話編7-1-3(136頁)** とあるのは，
　　　　巻末の7資料編の参考書式様式7-2-5(145頁)，実話編7-1-3(136頁)
　　　　⇒ **『看護介護のリーダー論』P70** とあるのは，
　　　　『髙口光子の介護保険施設における看護介護のリーダー論』(医歯薬出版刊)70頁を
　　　　参照することを示しています．

高口光子の はじめてのケアリーダー編
介護保険施設における看護介護のリーダー論　その2

もくじ

はじめに ……………………………………………………………………………………………… iii

1 突然「リーダー(主任)になって」と言われたら …………………………………… 1
- 1-1 なぜ「あなた」は任命されたのか …………………………………………………… 1
- 1-2 なぜ「リーダー」は必要なのか？ …………………………………………………… 1
- 1-3 「ききょうの郷」のリーダーたち　平野さん・渡辺さんの場合 ……………… 2

2 はじめてのリーダー(主任)としてやるべきこと　一覧 ……………………… 4

3 就任前にやるべきこと ………………………………………………………………… 6
- 3-1 家族に相談 …………………………………………………………………………… 8
  - 3-1-1 帰りが遅くなる ……………………………………………………………… 8
  - 3-1-2 変則的な勤務がある ………………………………………………………… 8
  - 3-1-3 家族の協力が必要(電話が施設から入る) ……………………………… 8
  - 3-1-4 自分の意志である …………………………………………………………… 8
- 3-2 体調の確認 …………………………………………………………………………… 10
  - 3-2-1 治療が必要な病気は治療する(予想できる対策をする) ……………… 10
  - 3-2-2 継続治療・注意が必要ならばその条件を明確にする ………………… 10
  - 3-2-3 自分の生活リズムをつくる ………………………………………………… 10
- 3-3 心がまえ ……………………………………………………………………………… 12
  - 3-3-1 最低○年はがんばる ………………………………………………………… 12
  - 3-3-2 予想される困難を目標にする ……………………………………………… 12
  - 3-3-3 どんなケアをしたいのかを自分に問う …………………………………… 14
  - 3-3-4 人事と経営(給与)に関することは，当事者以外には誰にも言わない … 14
- 3-4 上司に相談 …………………………………………………………………………… 16
  - 3-4-1 自分の心配なことはすべて伝え，基本的な考えかたを確認する …… 16
  - 3-4-2 子ども・家族の理解 ………………………………………………………… 16
  - 3-4-3 結婚・引越し ………………………………………………………………… 16
  - 3-4-4 病気 …………………………………………………………………………… 16
  - 3-4-5 能力 …………………………………………………………………………… 16
  - 3-4-6 人間関係 ……………………………………………………………………… 16
  - 3-4-7 相談を通じて上司との関係をつくる ……………………………………… 16

4　就任後1年以内にやるべきこと　……18

4-1　業務　……18
- 4-1-1　業務とは　……18
- 4-1-2　業務を把握することの必要性　……18
- 4-1-3　ステップ1：各勤務（早出・遅出，日勤・夜勤など）の動きを把握する　……20
- 4-1-4　ステップ2：各勤務の動きにくいところ（弱点）を把握する　……22
- 4-1-5　ステップ3：各勤務の問題点が整理できる　……24
- 4-1-6　ステップ4：各勤務の提案や調整が実施できる　……26

4-2　会議　……28
- 4-2-1　会議とは　……28
- 4-2-2　その必要性　……28
- 4-2-3　ステップ1：会議の種類を知る　……30
- 4-2-4　ステップ2：会議の内容を正しく現場に伝えられる　……34
- 4-2-5　ステップ3：現場の意見を取りまとめて報告・発言できる　……38
- 4-2-6　ステップ4：発言や決定事項を徹底して実行できる　……44

4-3　勤務表　……46
- 4-3-1　勤務表とは　……46
- 4-3-2　勤務表を作成することの必要性　……48
- 4-3-3　ステップ1：勤務表の作成の原則を知る　……50
- 4-3-4　ステップ2：スタッフの希望/業務内容/組み合わせに合わせた勤務表作成ができる　……54
- 4-3-5　ステップ3：突然の勤務変更（病欠/退職など）に対応できる　……58
- 4-3-6　ステップ4：利用者状況に合わせ，リーダーの意志をもった勤務表が作成できる　……62

4-4　就業規則　……64
- 4-4-1　就業規則とは　……64
- 4-4-2　就業規則を理解することの必要性　……64
- 4-4-3　ステップ1：規則をしっかりと読む　……64
- 4-4-4　ステップ2：規則に関するスタッフの疑問（給与/休暇）に確実に答えられる　……68
- 4-4-5　ステップ3：規則に当てはまるスタッフ（退職/産休/非常勤など）の対応に関し上司に報告・検討できる　……74
- 4-4-6　ステップ4：就業規則を使いこなせる（懲罰規定に則った退職勧告など）　……78

4-5　記録　……80
- 4-5-1　記録とは　……80
- 4-5-2　記録を充実することの必要性　……82

●利用者の記録
- 4-5-3　ステップ1：利用者の一次情報（顔と名前など）を把握する　……86
- 4-5-4　ステップ2：ケアプランのおおまかな方向性が把握できる　……88
- 4-5-5　ステップ3：相談員・ケアマネジャーとの連携のもとケアプラン/サービスプランが

		実施できる	90
4-5-6	ステップ4：サービス担当者会議で積極的な発言／提案ができる		90

●業務の記録

4-5-7	ステップ1：各種届出書（遅刻／早退／有休／欠勤／病欠／服務変更／物品請求）を確認し提出する	92
4-5-8	ステップ2：記録に基づきスタッフ指導ができる	92
4-5-9	ステップ3：事故報告記録／苦情受付記録／委員会活動報告の各記録が把握できる	94
4-5-10	ステップ4：記録の訂正／書きかたの指導／記録保管ができる	94

4-6 申し送り ········· 96

- 4-6-1 申し送りとは ········· 96
- 4-6-2 申し送りを行うことの必要性 ········· 96
- 4-6-3 ステップ1：従来の方法で継続して行う ········· 100
- 4-6-4 ステップ2：リーダー自身の情報収集をもとに，スタッフへの確実な伝達ができる ········· 102
- 4-6-5 ステップ3：個別注目ケースや委員会活動などへ，リーダー自身の意見と問いかけができる ········· 106
- 4-6-6 ステップ4：当日業務のポイントをトピックスとして伝えられる ········· 108

4-7 スタッフ面接 ········· 110

- 4-7-1 スタッフ面接とは ········· 110
- 4-7-2 スタッフ面接を実施することの必要性 ········· 110
- 4-7-3 ステップ1：リーダーとしてスタッフ一人一人と初回面接を行う ········· 110
- 4-7-4 ステップ2：スタッフ一人一人の希望が把握できる ········· 114
- 4-7-5 ステップ3：各スタッフの下期目標の確認ができる ········· 114
- 4-7-6 ステップ4：今年度の反省と次年度の目標が設定できる ········· 114

5 就任後2，3年以内にやるべきこと ········· 116

5-1 大まかな目標 ········· 116
5-2 スケジュール ········· 116

6 それでも何をしたらよいかわからないリーダーへ ········· 118

6-1 挨拶を変える ········· 118
6-2 勤務表をちゃんと作ろう ········· 118
6-3 会議に参加しよう ········· 118
6-4 クレーム対応は誰よりも先に，誰よりも熱心に取り組もう ········· 118
6-5 入職・退職に関わる，立ち会う，確認する ········· 120
6-6 上司報告のしかたを体得しよう ········· 120
6-7 他部署を知る ········· 120

7 資料編 ... 123

7-1 実話編 ... 124

- 7-1-1 ナツさんのターミナルケア ... 124
- 7-1-2 個別の認知症にあわせた業務の変更(上岡さんのケース) ... 126
- 7-1-3 認知症棟の「私物戻し」と「カギ開け」 ... 128
- 7-1-4 スタッフが足りない！ 辞めていく新人が多い！ ... 130
- 7-1-5 佐藤さんのターミナルケア(医師との対立のなかで……) ... 131
- 7-1-6 非常に強い帰宅願望の認知症のお年寄り(花子さんのケース) ... 132
- 7-1-7 新人担当者をいかしたサービスプランの作成(山本さんのケース) ... 134
- 7-1-8 どんなお年寄りでも受け入れる覚悟(仲田さんのケース) ... 135
- 7-1-9 藤田さんの床ずれ ... 136
- 7-1-10 クレームとリーダーの日勤張りつき(ショートステイの対応) ... 137
- 7-1-11 皮膚病の持田さんと実習生の田中くん(組み合わせの大切さ) ... 138
- 7-1-12 トイレの近い鈴木さんと新人の山下さん(組み合わせの大切さ) ... 139

7-2 参考書式様式 ... 140

- 7-2-1 ケアプラン(施設サービス計画書1)第1表 ... 140
- 7-2-2 ケアプラン(施設サービス計画書2)第2表 ... 141
- 7-2-3 ケアプラン(週間サービス計画表)第3表 ... 142
- 7-2-4 サービスプラン(看護介護計画書)タイプA・B ... 143
- 7-2-5 個人記録(例：鶴舞乃城) ... 145
- 7-2-6 各種記録・届出様式(例：鶴舞乃城) ... 149

　①休日勤務報告書　②遅刻・早退・外出・欠勤・特休届　③時間外勤務報告書　④服務変更届　⑤購入等依頼書兼発注書　⑥会議開催届　⑦会議報告書　⑧(事故・状況)報告書　⑨施設外研修受講申請書　⑩研修報告書　⑪企画書(稟議書)　⑫企画実施報告書

- イラストレーション：髙口光子
- 装丁：M's 杉山光章

1 突然「リーダー(主任)になって」と言われたら

1-1 なぜ「あなた」は任命されたのか？

「リーダーになってくれない？」と上司から言われると，たいていのスタッフは，「なんでわたしなの？」と思うはずです．そしてその理由を「(他のスタッフより)長く勤めているから」「行事のときがんばったから」「○○さんが辞めたから」などと思い巡らすことでしょう．

ただ，ここで一つだけ確実なことは，「あなたに対して希望や期待をもっている人がいる」ということです．そこには，あなた自身に対して「さらに能力を伸ばしてもらいたい」「やりたいケアをやり通して充実してもらいたい」「リーダーを体験することから成長してもらいたい」という思いがあります．

まず，この希望や期待を「照れ，ごまかし」でなく，きちんと受け止めてください．それは「わたしがちゃんと仕事をしてきたことが認められた」今までの自分があるから，今の自分があり，リーダーになることがこれからの自分のひとつのありかただと考えてみましょう．自分の力で一歩進んだ「あなた」に，さらなるケアの面白さ，醍醐味を味わっていただきたいと思います．

1-2 なぜ「リーダー」は必要なのか？

スタッフは誰だって「よいケアをしたい」と一人一人思っています．そしてそれに向かって日々がんばっています．

最初からわるいケアをしたい人はいないのです．

でも，「なんだか上手くいかない」「がんばった人だけがキズつく」「お年寄りに気持ちが届かない」と悲しくなるような不平不満がたまって，みんながバラバラになっていきます．

「どうしてだろう？」と考えてみましょう．すると，チームや集団になったとたんに，一人一人のスタッフの力がうまく発揮できていないからいいケアになっていかないことがわかります．そして上手く発揮できないのは，そのチームや集団に「リーダー」がいないことが理由ではないかと気づくでしょう．ここでいうリーダーとは，単に任命されているということではなく，「このチームにはリーダーが必要なんだと自ら深く自覚している人」を指します．

わたしたちの仕事は，24時間365日絶え間なく綿々と続きます．そのなかで，チームや集団として「よいケア」をしていくためには，スタッフそれぞれの思いや考えを交通整理でき，命令系統や報告・連絡・相談などのしっかりした組織づくりが必要となります．その第1段階がチームをまとめるリーダーを引き受ける人の存在となります．

1-3 「ききょうの郷」のリーダーたち 平野さん・渡辺さんの場合

介護老人保健施設「ききょうの郷」の平野さん・渡辺さんは，2人とも普通高校を卒業して，家が近いから，お年寄りが好きだからという理由で，「ききょうの郷」へ就職しました．

特段，福祉やケアの勉強をしていたわけでなく，入職早々は，「言われたことをやっていた」「先輩のマネをしていた」日々でした．

半年ほどして仕事の流れがわかるようになると，事故やクレームが見えてくるようになったといいます．「なぜ，こんなことが起きるのだろう」「こんな思いをお年寄りにさせていいのか」と，だんだん今まで考えもしなかったことを考えるようになっていました．でも事故やクレームは続き，そして明確な原因などもわからず，事故対策とはいっても，効果があるのかどうかわからないままでした．次第に「わたしではどうしようもない」「いくらがんばってもしょうがない」というような無力感に襲われたそうです．みなさんもそんな経験があるのではないでしょうか？

そんななかで，平野さんや渡辺さんは，現場での体験を重ねていくうちに，看護や介護は「このお年寄りのために」という気持ちを前提として，その自分の気持ちを守るためにケアをしていいんだということに気づきます．つまり，ケアとは「ノルマ，指示，時間割，すべてのお年寄りに同じことをする」のではないということに気がつくのです．

そして，それをやり通すためには，チーム（＝仲間）が何よりも大切で，そのチームのために「リーダー」が必要であることを実感するのです．

彼女たちがさらにスゴイのは，気づくだけでなく，実際に現場を変えていくためには，自らがリーダーを請け負うことが必要だと自覚し，大好きなお年寄りに「生きていてよかった」と思ってもらいたいという思いをもって，リーダー職を引き受けたことでした．

この，「腹をくくった瞬間」から彼女たちは，それまでとは顔つきも異なる，素敵なリーダーになりはじめていきました．

図1 リーダーとしての揺るがない気持ち

① やりたいことがある
② 気になるお年寄りがいる
③ やりとおせる仲間がいる

Self Reform

● あなたが,一人のケア職として働いてきて,「これは本当にがんばった」または「これはやり通したぞ」と思えることは,どんなことですか？

1 突然「リーダー(主任)になって」と言われたら

2 はじめてのリーダー(主任)としてやるべきこと 一覧

時期		3. 就任前にやるべきこと		
就任前	おおむね 2～3月頃	1. 家族に相談	2. 体調確認	3. 心がまえ
就任後		4. 就任後1年以内にやるべきこと		
		1. 業務	2. 会議	3. 勤務表
ステップ1	めやす 4・5・6月	・各勤務（早出/遅出/日勤/夜勤など）の動きを把握する → 4-1-3	・会議の種類を知る → 4-2-3	・勤務表の作成の原則を知る → 4-3-3
ステップ2	めやす 7・8・9月	・各勤務の働きにくいところ（弱点）を把握できる → 4-1-4	・会議の内容を正しく現場に伝えられる → 4-2-4	・スタッフの希望/業務内容/組み合わせに合わせた勤務表の作成ができる → 4-3-4
ステップ3	めやす 10・11・12月	・各勤務の問題点として整理できる → 4-1-5	・現場の意見を取りまとめて報告・発言できる → 4-2-5	・突然の勤務変更（病欠/退職など）に対応できる → 4-3-5
ステップ4	めやす 1・2・3月	・各勤務の提案や調整が実施できる → 4-1-6	・発言や決定事項を徹底して実行できる → 4-2-6	・利用者状況に合わせ，リーダーの意志をもった勤務表が作成できる → 4-3-6
		5. 就任後2, 3年以内にやるべきこと		
		6. それでも何をしたらよいかわからないリーダーへ		

2 はじめてのリーダー（主任）としてやるべきこと 一覧

4. 上司に相談				

4. 就業規則	5. 記録		6. 申し送り	7. スタッフ面接
	①利用者	②業務		
・規則をしっかりと読む → 4-4-3	・利用者の一次情報（顔と名前など）を把握する → 4-5-3	・各種届出書（遅刻/早退/有休/欠勤/病欠/服務変更/物品請求）を確認し提出する → 4-5-8	・従来の方法で継続して行う → 4-6-3	・リーダーとしてスタッフ一人一人と初回面接を行う → 4-7-3
・規則に関するスタッフの疑問（給与/休みなど）に確実に答えられる → 4-4-4	・ケアプランのおおまかな方向性を把握できる → 4-5-4	・記録に基づきスタッフ指導ができる → 4-5-9	・リーダー自身の情報収集をもとにスタッフへの確実な伝達ができる → 4-6-4	・スタッフ一人一人の希望が把握できる → 4-7-4
・規則に当てはまるスタッフ（退職/産休/非常勤など）の対応に関し上司に報告・検討できる → 4-4-5	・相談員・ケアマネジャーとの連携のもとケアプラン/サービスプランが実施できる → 4-5-5	・事故報告記録/苦情受付記録/委員会活動報告の各記録を把握できる → 4-5-10	・個別注目ケースや委員会活動などへリーダー自身の意見と問いかけができる → 4-6-5	・各スタッフの下期目標の確認ができる → 4-7-5
・就業規則を使いこなせる（懲罰規定に則った退職勧告など） → 4-4-6	・サービス担当者会議で積極的な発言/提案ができる → 4-5-6	・記録の訂正/書きかたの指導/記録保管ができる → 4-5-11	・当日業務のポイントをトピックスとして伝えられる → 4-6-6	・年度の反省と次年度の目標が作成できる → 4-7-6

3 就任前にやるべきこと

あなたは，上司などから「リーダー（主任）になってくれない？」と打診を受け，望もうと望まざるとにかかわらず，とにかくリーダーを引き受けることになりました．
さあ，まず何をしたらよいのでしょうか？
打診があってから辞令を受けるまでには，1か月程度の余裕があるはずです．その間にせめて下記のことはおさえておきましょう．

図1　リーダー（主任）の就任前にやるべきこと

① 家族に相談
② 体調確認
③ 心がまえ
④ 上司に相談

Self Reform

●いつ，どこで，誰から，どのように，リーダー就任の打診をうけましたか？

・いつ

　　　　年　　　月　　　日

・どこで

・誰から

・どのように

●打診を受けたときのあなたの素直な気持ちは？

3　就任前にやるべきこと

3-1　家族に相談

3-1-1　帰りが遅くなる

- リーダーの勤務は通常の日勤（たとえば，午前8時30分〜午後5時30分）となるが，各種の会議があったり，スタッフの相談（当日その場で「ちょっといいですか？」）を受けるなどさまざまな仕事があり，帰りが遅くなることがある．
- 急変や事故などでお年寄りの付き添いをしなければならない場合，リーダーは「日勤帯を越えて夜勤へ引き継ぐ」ことができて，はじめて帰宅できる．
- 先輩リーダーの例を参考にしながら，おおむねの時間を家族に伝えよう．

3-1-2　変則的な勤務がある

- リーダーは勤務表を自分で作成する．また，大きな行事や重要な会議などへは出席しなければならない．当初予定していた勤務が直前になって変更になることがある．
- 当初予定していた勤務が変更になる例として，スタッフの急な休み，早退などリーダー自身が穴埋めしなければならない場合や，お正月・ゴールデンウィークなど世間一般で休暇となっている時期，重症なお年寄りがいて一人増しの勤務となるときなど．

3-1-3　家族の協力が必要（電話が施設から入る）

- 今までの一スタッフと違い，ある程度の責任をもたされる．つまり，施設でのいろいろな出来事（お年寄りやスタッフの事故，死亡，急変など）の一報がリーダーにまず報告される．
- 休日でも夜勤明けでも夜間でも早朝でも深夜でも，それはある．つまりいつでも施設・病院・事業所から電話連絡が入るということ．
- たとえ「わたし」が不在でも，施設からの連絡を受けた家族が，いつあったのか？　誰から受けたのか？　を「わたし」に伝達できるようお願いしておく．

3-1-4　自分の意志である

- 家族にいろいろと迷惑をかけることになるが，リーダーを引き受けることは自分自身で決めたことであると伝える．リーダー職は大変な職であることはわかっています．それでも引き受けようと思ったのは，<u>わたしのことをちゃんと理解してくれているあなた（家族の名前）</u>がいるからです．自分のやりたいことをやってみようと思います．応援して下さい．これからもよろしく，と一度ははっきり言葉にして家族に言っておきましょう．
- そして，何よりもあなた自身があとで，「こんなに家族に迷惑をかけるなら引き受けなければよかった」と思わないように，就任前にやるべきことはやっておく．
- 就任後しばらくすると，「わたしがリーダーさえ引き受けなければ，家族にもっと十分なことがしてあげられるのに」と卑屈になってしまうときがある．そういうときにネガティブ（消極的）に考えてしまうのではなく，「自分の仕事に一所懸命向き合っているわたし（母親）を家族（夫・子どもなど）として応援できる」ことがわたしたち家族の喜びになる，とポジティブ（積極的）に考えられるようになろう．

Self Reform

●あなたは家族に，リーダーを引き受けることを相談しましたか？

・相談していない

| 理由 | |

・相談している

| 誰に | |

| いつ | | | どこで | |

相談した内容	そのときの反応

263 - 00869

3-2　体調の確認

- リーダーだって人間だから，ときには病気にもなるし体のわるいところも，一つや二つはある．それと上手につき合いながら仕事をしていこう．
- ただし，そのようなことが勤務の支障とならないよう，治すべきものは治し，体調の不安などは上司に報告しておく．

3-2-1　治療が必要な病気は治療する（予想できる対策をする）

- 特に，歯科治療，腰痛対策，生理痛対策，風邪をひきやすい体質の改善・予防．
- 妊娠・出産の希望や予定があるのなら，上司に報告しておこう．

3-2-2　継続治療・注意が必要ならばその条件を明確にする

- 過去に病気を患い現在は治っているものの，継続的に診察を受けなければならないのであれば，「毎月第1水曜日は検査のために休みます」などと，治療予定を直属上司へ明確にしておく．
- てんかんや喘息などの持病で，常に薬を飲んでいる場合も報告しておこう．
- また，このようなスタッフがいることも把握しておく．
- 不妊治療中（女性としてしんどい治療であること，個人差があること）であることや，うつ病にかかったことがある（診断はされなくても，夜眠れない，食べられない，耳鳴りがするという経験がある，など）事実は隠さないこと．
- 苦しみのわかる，悩みをもったことのあるリーダーは，よきリーダーとなれる．

3-2-3　自分の生活リズムをつくる

- 日勤の勤務が多くなるものの，朝早く出勤したり残業が多くなったりと，いままでとは生活リズムが大きく変化する．
- 特に，朝の起きる時間，子どもの弁当作り，保育園・幼稚園への送り迎え，通勤時間，夕食の買物は誰がするのか？　料理は？　お義母さんに頼るのか？　これを機に同居か？　などなど．
- 家族特に配偶者とはそれぞれよく話し合って，役割分担を決めておこう．
- このときに，子どものため，あなたの日ごろのかわいらしさ・しおらしさ，休みの日のダンナ様（奥さま）へのつくしかた，によって協力の度合いが違ってくる！
- 家族を犠牲にするのではなく，同じ家族の夢を一緒につくり上げていくんだ！　と考えてみてください．

Self Reform

●あらためて，あなたの体調はどうですか？

・今，心配な体調・病気は何ですか？

治療すべき病気	治療計画

・将来心配な体調・病気は何ですか？

継続治療・長いつき合いとなる病気

元気なだけが いいトコって 思われてるけど

3 就任前にやるべきこと

3-3 心がまえ

3-3-1 最低○年はがんばる

- リーダー1年目は，「なにがなんだかわからず過ぎていきました」→「できるのか？ できないのか？」
- 2年目は，「昨年失敗したことだけは繰り返さないでおこう」→「できることを自分なりにしているのか？」
- 3年目にやっと，「わたしらしいリーダーになろう」→「わたしの考えていたリーダーはこんなことなのか？」「本当にこれでよいのか？」
- と，少なくとも3年はかかると思われます．だからまず，自分の心がまえとして，「いろいろあるだろうけど，まず3年は何とか続けてみよう」と期限から決めていくと，途中煮詰ってしまったときの自分への助け舟になるかもしれません．自分で自分を支える心がまえをもちます．
- やめるか，やめないかは3年目に考えよう！ そうしないとリーダー自身がつぶれてしまいます．「ずーとこんなことが続くのではないか？」と．こういうときに期限が決まっていると，「今のわたしは，今日と明日のことをまず考えるとしよう！」と思えるようになる．

3-3-2 予想される困難を目標にする

- リーダーになって一番困ること．それは，まとめるスタッフのこと．
  新人が辞めていく．
  ベテランおばちゃんは反発する．
  看護師は非協力的，介護職はわかってくれない，栄養士は他人ごと，リハビリ職は上から見ている，医師はいいかげん，相談員・ケアマネはスレ違い．
- リーダーになる前に想定できるこれらのことは，あなたをリーダーに任命した上司と1対1で話し合っておこう．『実はわたし「あの人」が苦手なんです』
- 決定的な解決策はみつからないかもしれないが，問題を認識している協力者がいるということであなたの気持ちも多少は軽くなるはず．
- 何よりもあなた自身が一スタッフのとき不平不満に思っていたことを，上司と共に確認しておこう．今までの過ちを繰り返さないためにも重要だ．たとえそれが直接的に上司を批判するようなものであっても，あなたを任命した上司には面と向かって言ってしまおう！
- たとえば，「給与の改定のとき，（上司・あなたからの）説明がわかりにくかったと思います」「あの注意はリーダーから直接言って欲しかったです」「あの異動は突然じゃあなかったですか？」など．

Self Reform

●あなたは，何年ぐらいならばがんばれますか？

・☐ 年はがんばる！

●予想される困難についてどう考えますか？
　・あなたがリーダーになったとき困ること
　・苦手な業務
　・スタッフとの関係など

●これらのことは上司に伝えてありますか？

3-3-3　どんなケアをしたいのかを自分に問う

- やりたいケアかやりたくないケアか？　この観点を大切にし，今までのケアを洗い直してみよう．リーダーになれば，「やりたいケア」をやりとおせる権限がある．
- 「今までどおりのケアでいいんじゃない？」と思うのであれば，あなた自身が現在のケアの現場が「見えていない」こと．特にクレームも出ていない，事故もないし，スタッフ同士も仲がよい．だからウチはこのままでいいんだ．こう思い込んでしまっていませんか？
- 食事・排泄・入浴のケアのなかで，ぜひこれはやってみたいということを，1項目でもいいから，具体的にもってみよう．

3-3-4　人事と経営（給与）に関することは，当事者以外には誰にも言わない

- 一スタッフとの大きな違いは，人事や経営に関する情報が，正式発表となる前に耳に入ること．
- これらを「うわさ」ではなく施設の重要事項として，発表時期まで決して口外しないことはとても重要だ．
- 上司があなたに愚痴のようにこぼすときがある，「実はね……」と．あなたにしか言えなかったのだから，あなたのところで受け止める．それを下へこぼさない．特に，小規模事業所はうわさの広まるのが早いため要注意！　一方，大規模施設はうわさはゆっくり広まるが，広まったときの取り返しはむずかしい．

Self Reform

●あなたはリーダーとなって，まずどんなケアをしたいですか？

●これだけはやらないようにしようということがありますか？

3-4 上司に相談

3-4-1 自分の心配なことはすべて伝え，基本的な考えかたを確認する
- そもそも何でも相談できる上司がいるかどうか．あなたを任命した上司が相談相手となってくれればそれが最も望ましいが，必ずしもそうならない場合もある．
- あなたがリーダーとしてやりたい介護を目指すときに，どうしてもスタッフの反発や失敗が起きてくる．
- そのさいに，「大丈夫間違っていないから」「わたしが責任を取るからこのままやってみなさい」「できることとできないことがあるかもしれないけれど，できるかぎり協力するよ」と，後ろ盾になってくれるような上司を探し，互いに「やりたいケア」を共通の認識としてもっておこう．
- 結果的にその共通認識と後ろ盾の有る無しが，あなた自身の「やりたいケア」がやり通せるかどうかに大きく影響する．
- ただし，共通認識があったからといって，以心伝心はありえないため，何度も確認しあうことが重要．「あのとき言ったじゃない」は通じない．

3-4-2 子ども・家族の理解
- リーダーを引き受けるにあたって夫（妻）や子どもたち，両親がどう思っているかを上司に伝えておこう．特に反対されているときや非協力的な場合は必ず伝えること．
- また，家族の健康状況（子どもが病気がち，おじいちゃんが軽い認知症など），今後の心配事になりそうなことも上司に伝えておく．

3-4-3 結婚・引越し
- 今後，結婚や引越しの予定がある場合は，その時期や相手の協力具合など大まかに話しておこう．

3-4-4 病気
- 継続治療や持病などは話せる範囲で伝えておく．病状が変化したときなども伝えておこう．

3-4-5 能力
- ケアに関して自信がないことなど正直に伝える．たとえば，入浴介助が苦手，行事の盛り上げがあまり上手くいかない，記録が下手で気にしている，など．

3-4-6 人間関係
- 苦手なスタッフ，どうも相性が合わないスタッフなど．

3-4-7 相談を通じて上司との関係をつくる
- 上司に「なんでわたしがリーダーなの？」という疑問からはじまる話し合いを通じて，上司を信頼しているから何でも言えるという自分の気持ちを伝え，リーダーと上司の関係づくりを行おう．一度話し合っておくと，日常の何気ない会話のなか，廊下でのすれ違いのさいに情報交換・意思疎通ができるようになる．

Self Reform

● あなたが相談できる上司は誰ですか？

● その上司に，いつ，何を相談しましたか？

いつ	何を相談したか

● 上司はあなたにどんな言葉をかけてくれましたか？

4 就任後1年以内にやるべきこと

4-1 業務

4-1-1 業務とは
- 新人で入職したばかりのころ，施設長から，リーダーから，先輩からそれぞれ，「あなたの仕事は○○です」と，きちんと説明を受けていますか？
- 業務とは生活支援の内容であり，あなたの毎日の仕事そのものを明文化（＝文章や図や表に）したものです．
- おもに，仕事の手順や流れ，スタッフの動き，お年寄りへのサービス内容の具体性が明らかにされているべきですが，そもそもこの「業務」が施設の中やフロアの中で共通していないのではないでしょうか？　施設の中には，先輩の後姿を見て覚えて繰り返すこと，これが業務と思っている施設があります．そうなると目の前の対応に追われ，その場その場のケアしか存在しないことになってしまいます．

4-1-2 業務を把握することの必要性
- 上記を知ることを通じて，明確な指示・提案を示し，まず「このフロア（グループ）のケアはこうしていく」というような共通認識をもつことができます．
- 具体的にケアの質を向上させる原点ともなり得るのです．
- ケアの継続性を守る根拠となります．

Self Reform

●あなたは入職当時,「あなたの仕事は○○○○○です」と説明を受けていますか？

●その説明を他のスタッフも同じように理解していますか？

4-1-3　ステップ１：各勤務（早出・遅出，日勤・夜勤など）の動きを把握する

- まず始めは主要な勤務である早出・遅出，日勤・夜勤について動きを見直してみましょう．特に重要な視点は以下です．

① 自分はどの勤務も実施してきた，実施できる

- まずあなたは早出・遅出，日勤・夜勤の勤務を行うことができますか？
- そして他の人に口頭でも説明できるでしょうか？

② 図表または文章化した資料がある

- とにかく図表や文章にしてみましょう．書くことは苦手・上手くないと毛嫌いをせず，何でもよいからまず書くことが重要です．他のスタッフとも相談しながら楽しんで行ってみよう．

図２　業務見直しの参考資料（例：ききょうの郷）

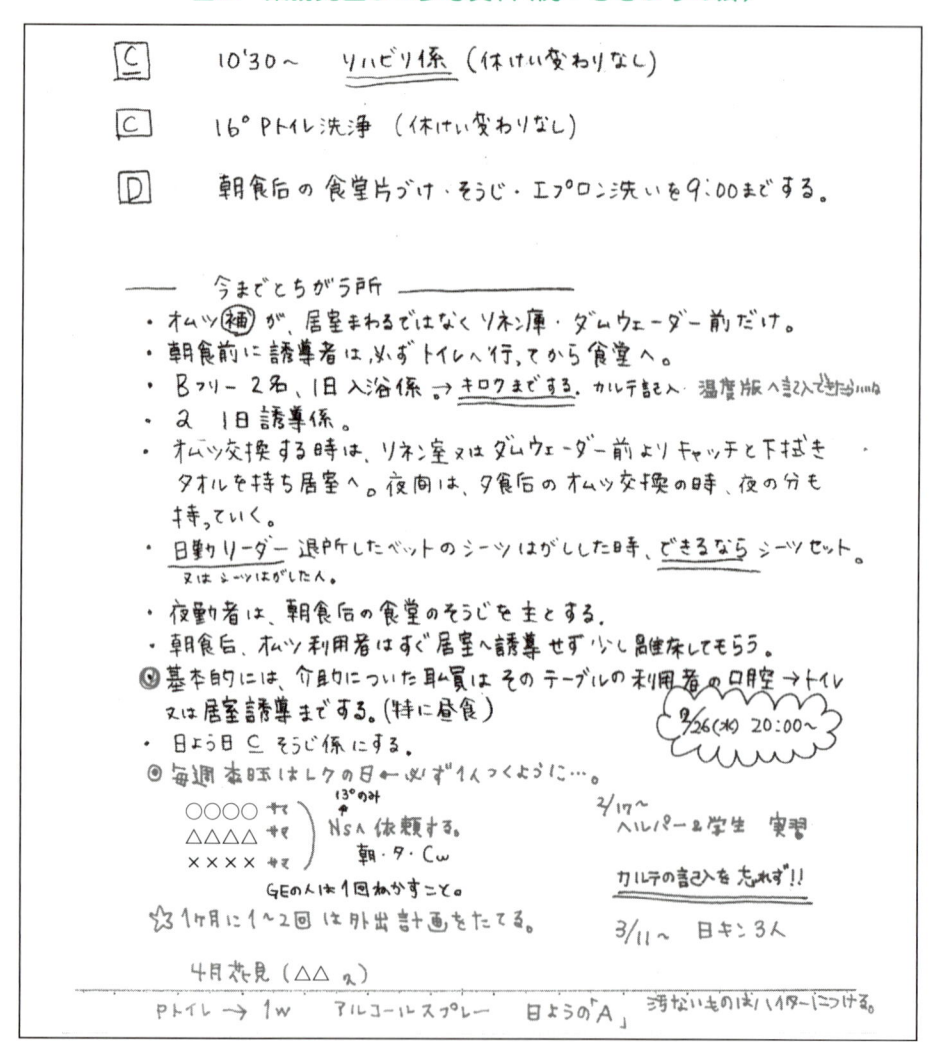

③ 絵や文章でスタッフに説明できる

- まとめた資料を使って他のスタッフに説明しよう．そのとき他のスタッフと業務のとらえかたに食い違いなどがあることがわかれば，その食い違いはその場で直し，スタッフ間で共通の業務を把握することが重要です．
- 業務改善をあせらずに，まずはいまの業務を認識することが重要．

Self Reform

●あなたは,早出・遅出,日勤・夜勤の勤務を行うことができますか?

できる理由	できない理由

●早出・遅出,日勤・夜勤の業務を図や文章にして表してみよう.

4-1-4 ステップ2：各勤務の動きにくいところ（弱点）を把握する

- 図表や文章で業務を把握すると，日ごろ漠然と思っていた「なんかおかしい」「私の仕事って何？」などの不平不満が明らかになってきます．
- では具体的に「動きにくい」とはどんなことでしょうか？　ここでは下記のようなことが感じられる点を重視したいと思います．

図3　動きにくいと感じる視点

時間のムダ	いつまでも休みがとりにくい
	勤務時間終了後なかなか帰れない
手間のムダ	続けて不平不満が出る（やりにくい/わかりにくい）
	ケガ・事故が起こりやすい
	後片付けができない
	記録が不十分，できない
	仕上がりがわるい

① スタッフの不平不満をしっかり聞く

- 不平不満は数限りなくある．それを聞き出し，整理することが重要．理由が共通する不平不満を見逃さない．

② スタッフの負担・お年寄りへの不備を確認する

- 業務の見直しの視点としては，スタッフの不平不満の解消や負担の軽減を目的とすればよいのですが，その改善が結果的にお年寄りに迷惑，施設に迷惑をかけることになっていないかをリーダーが判断する必要があります．
- 例として，ある介護老人福祉施設（特養）で改善？　された試みを紹介します．

図4　間違った業務改善の例

着替え袋の採用例
- お風呂の着替えのときに衣類が置いてなくていつもあわてる
- 入浴業務の改善の一環として，着替え袋に一式入れて持ち運ぶこととなった
- そうすると，同じ組み合わせの服が入浴ごとに繰り返されることになった
- 結果的にお年寄りの洋服選びの自由を制限している
  →お年寄り・家族は不満足

- 不平不満は目的をもって説明すると，問題点となる．そして，その問題点にお年寄りの笑顔や家族の希望をくむと，業務見直しにつながっていく．

図5　業務改善の視点

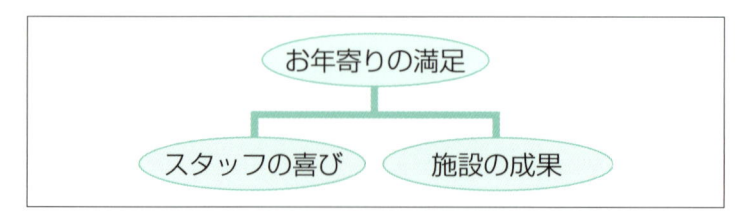

```
        お年寄りの満足
         /      \
    スタッフの喜び   施設の成果
```

Self Reform

● あなたが書いた業務表の中で,「なんかおかしい」「ムダだなあ」と思う現状を書き出してみましょう.

●上記の現状を少しでもよくするために,あなたが考えるよいことはどんなことですか？

4-1-5 ステップ3：各勤務の問題点が整理できる

① 目的と代替案を作成する
- 「目的」をもたないと変な方向（たとえば，スタッフの作業手間だけを考えてお年寄りの満足が考えられなくなること）に進んでしまう．
- 「代替案」つまり，リーダーとしての案をもつ．スタッフの案を求めても出てこないことが多い．リーダーの案だからといってもうまくいかなくて効果がないかもしれないけど，とりあえずタタキ台として提案する．

② 実際の業務を想定して説明できる
- 会議でスタッフみんなに説明できる．
- 現在はこうだけど，「だからこういうケアにしたい」という目的のもとに説明できないとダメ．

図6　説明のヒント

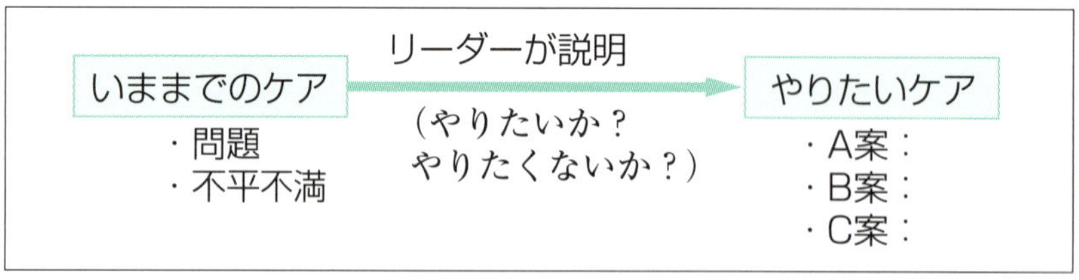

```
                リーダーが説明
 ┌──────────┐ ─────────────→ ┌──────────┐
 │いままでのケア│  （やりたいか？  │やりたいケア│
 └──────────┘   やりたくないか？） └──────────┘
   ・問題                              ・A案：
   ・不平不満                          ・B案：
                                       ・C案：
```

③ 実際に実施して比較検討し，結論を出す
- まずは1週間（もしくは1か月）やってもらいたい．
- その後再度集まって，「どうだった？」と問い直す．

図7　問い直しのめやす

スタッフの反応	対応策
「まったくダメです」	→案を変える/違う案を試す
「やりかたそのものがわかりません」	→紙に書いて貼っておこう
「知っている人と知らない人がいます」	→説明のしかたをかえる

Self Reform

● あなたが考えた改善案が，他の人に受けいれられなかった場合，別の違う案を再度考えてみてください．

●あなたの施設で，有効と思われる説明のしかたは何ですか？

・朝礼で1週間同じことを言い続ける
・紙にプリントして皆に持たせる
・○○○○さんに情報を提供する
・
・
・
・
・

4 就任後1年以内にやるべきこと —— 業務

4-1-6 ステップ4：各勤務の提案や調整が実施できる

① **スタッフを根拠に業務の組み立てをかえる**
- 新人が多く入職するとき，インフルエンザなどで病欠が増えるとき，行事が重なり人手がとられてしまうときなど，介護の質を落とさずに維持保全した状態で，目的意識をもち，業務が組み立てられる．

② **お年寄りを根拠に業務の組み立てをかえる**
- はじめてのショートステイ利用，深い認知症のお年寄りの入居，ターミナルステージに入ったお年寄りなど，根拠をもってたった一人のお年寄りのために勤務表を組み替えることができる．
- たとえば，ショートステイに来たお年寄りが深い認知症だった．一人のスタッフがつきっきりになる．そのときに，このお年寄りのためだけに勤務表を組み替える．手薄になった部分には，リハビリテーションスタッフや栄養科など他部署へ応援要請ができ，手薄になった業務をおぎなう指示ができる．

⇒ 実話編 7-1-2（126頁）

図8　勤務組み替えのポイント

① すでに作成してある勤務表を変更する意義目的は明確か
② 期間は区切れるか
③ 人材の問題か，人数の問題か
④ 変更の説明は，いつ，どこで，誰がするのか

- スタッフやお年寄りを根拠に，業務を変えた現場の経過をリーダー自身が知る．
- 変更し，「結果どうなっているのか」の報告をリーダーは受ける．その結果の情報収集をしないと，その変更の成果を確認することができない．さらに変更が必要であったとしても，対応が遅れる．つまり，言い放し・やり放しにはならないように注意する．

Self Reform

●あなたの施設では，業務内容をスタッフやお年寄りを根拠にして変えることがありますか？

ある理由	ない理由

●それはどんなときですか？

●あなた自身がその変更の指示を出せますか？

出せる理由	出せない理由

4-2 会議

4-2-1 会議とは
- 情報共有（＝同じ場所，同じ時間帯で，同じ話を聞く）．
- 方針決定までの検討過程に立ち会う．
- 各々の情報を発信・表現し，その相互性から新しいものをつくり出す．
- 会議がうまく機能しない例として，「後からノートを読めば参加しなくてもよい」「新しいものが生まれないのだから，出ても出なくても同じ」「みんなで話し合ってほしいことが話し合われない」などの現状があります．

4-2-2 その必要性
- 私たちの仕事はお年寄りとのコミュニケーションを充実する仕事．職員同士のコミュニケーションがとれていなければ，ムラ，ムダ，ムリが生じ，介護の仕事の意味がわからなくなる．

図9　会議の位置づけ

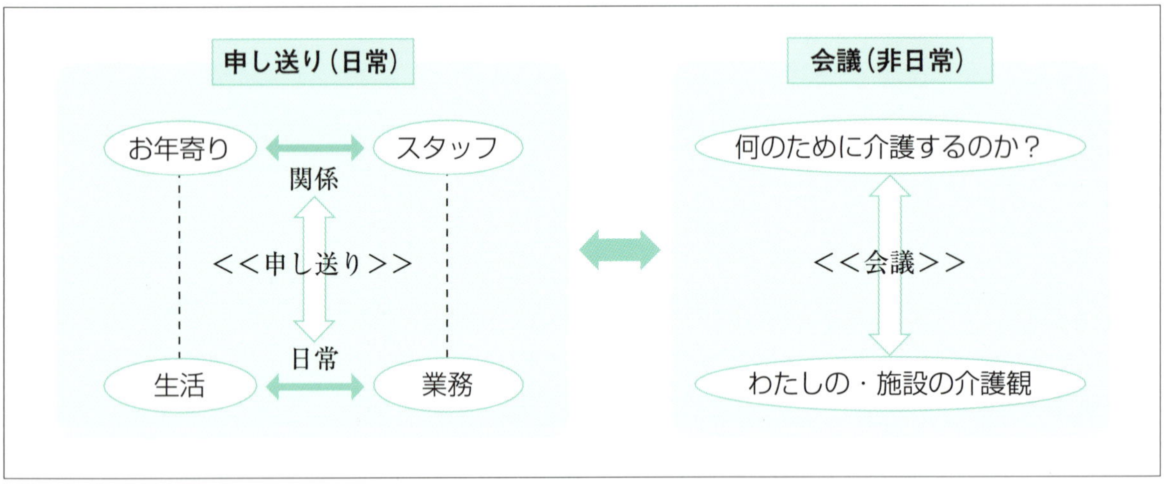

Self Reform

● あなたが考える会議とは何ですか？

● あなたの施設での会議の印象は？

4-2-3　ステップ1：会議の種類を知る

① 種類を調べる

- とにかく今開催されている会議の名称を書き出してください．
- その会議の横に，あなたなりに「何が話し合われているのか」を整理し種類分けしてください．
- 種類分けされた会議は，さらに単位として分類できます．その視点であなたの施設・フロア・チームの会議を精査してみてください．
- その会議の開催予定や開催頻度も合わせて整理してください．

図10　会議は単位として分類できる

単位	例として	
小	自分の所属している部署	看介護定例会・フロア会議
↕	○○病院，○○施設，○○事業所	運営会議
	法人，グループ	施設長会議
大	地域	連絡協議会

② 組織図（＝誰が決議するのか？）と照合する

- そもそも会議は，「誰の責任で召集されているのか？」「会議での決定事項は誰の命令に相当するのか？」「この会議を最後まで見届けるのは誰か？」という視点で改めて見直してください．
- ただし，会議の責任者と広報する人は，ときに違っているということに注意する．会議があることをリーダーから聞いたけど，責任者は看護介護長である場合など．

図11　会議の責任者がなぜ重要か？

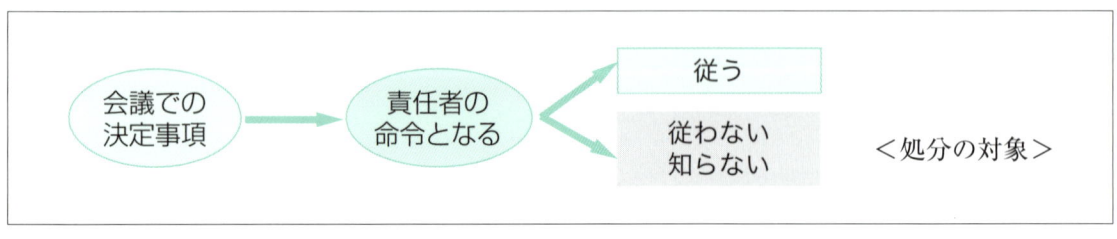

会議での決定事項 → 責任者の命令となる → 従う／従わない・知らない ＜処分の対象＞

③ 自分が参加すべき会議を整理する

- あなた自身がその会議にどのような立場で出席すればよいのかを整理してみる．

④ 必要事項を整理・準備し，日程調整のうえ参加する（自分が参加できないときの代打の検討も）

Self Reform

●**あなたの施設の組織図を描いてください．**

・その組織図の中で，会議の責任者の横に会議の種類を書き出してください．

図12　会議の種類を知る（例：ききょうの郷；井手主任の場合）

定例会議の日程

第1	月曜日	排泄委員会	17:45～	
	火曜日	事故対策委員会	13:30～	（副主任1名出席）
	金曜日	入浴委員会	17:45～	
第2	火曜日	看介護定例会	17:45～	
	金曜日	判定会	13:30～	（副主任1名出席）
第3	火曜日	給食会議	13:30～	（副主任1名出席）
	水曜日	食事委員会	17:45～	
第4	月曜日	2F定例会	17:45～	
	火曜日	運営会議	16:30～	（副主任2名出席）
	水曜日	生活リハビリ	19:00～	そてつ
	金曜日	判定会	13:30～	（副主任1名出席）

① 定例会（全体）後の2F話し合い & 2F定例会についての「会議開催届」は副主任責任にて提出すること

② 各委員会の話し合いの「会議開催届」、「会議ログ」は必ず目を通し各委員会の活動内容を把握すること　何が決まったのか etc.
　この際　両方の提出なければ、時間外は認めないこと

③ 自分が出席した会議については、2Fの話し合いの時、必ず申し話し、申し送りNOTEへも記載すること

④ 希望をとる時に、その時わかっている会議や行事は記入すること

⑤ 委員会の日は、できる限り出勤にし、参加させること

はーい。
皆さんどうして
会議と日頃じゃ
ちがうのか、
教えて下さい。

Self Reform

●あながた出席すべき会議の種類を書き出し，開催の予定も記入してください．

4-2-4　ステップ２：会議の内容を正しく現場に伝えられる

① 会議に参加し，内容のメモをとる

- まず，会議の目的やその内容がよくわからなくても参加する．ムダだとは思わないこと．会議の運営者は必要だと思って開催している．
- 会議に遅れない．途中退出しない．ケアの現場は急変など何が起こるかわからない．ただそれにあぐらをかいて平気で遅れたり退出する傾向がある．そういった態度自体をリーダー自身はみせないこと．
- 次にその会議の内容をメモにとる（＝ぼや～と聞かない）．文章化することによって参加した自分が本当に内容を把握しているかどうかがわかる．わかったつもりでいながら，いざ文章にしようとすると文章化できない人は，本当にはわかっていない証拠．
- 文章化できるまで，その会議をわかっている人（運営者や上司）にきちんと聞こう．
- 「どうせ参加したってわからないもん」「言うことないもん」とせずに，意味がわからなければそのまま上司に素直に聞く．

図13　会議の参加にあたって

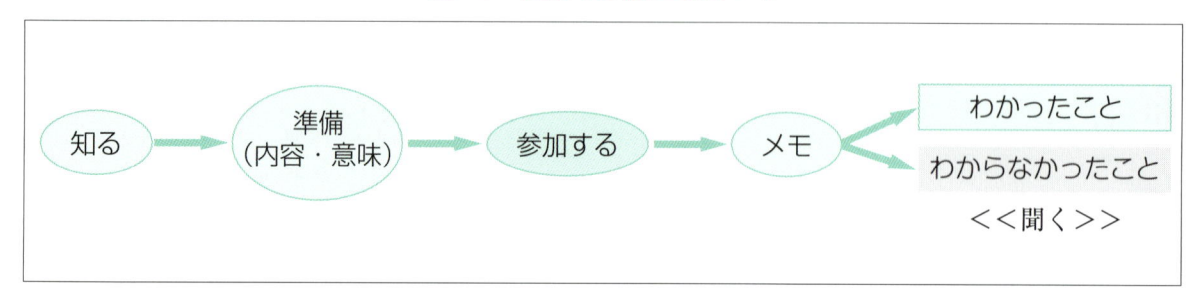

知る → 準備（内容・意味）→ 参加する → メモ → わかったこと／わからなかったこと　<<聞く>>

② 会議報告を作成する

- 施設には，「会議開催届」「会議報告書」などの書類があるはず．その有無を確認し，それを活用して会議に参加していない現場のスタッフに会議の内容を報告する．
- 施設によっては，ノートだったり，紙１枚だったり，白板や掲示板への書き込みであったりとさまざまであるが，わかりやすく，ポイントをまとめ，報告のタイミングとその対象者（報告する相手）を想定しながら報告書を作ってみよう．

⇒ 参考書式様式7-2-6⑦（154頁）

Self Reform

●あなたの施設の「会議開催届」「会議報告書」を用意し，実際に記入してみよう．

のりしろ

のりしろ

③　伝達の場をつくる（日時・場所・方法）
- 報告書をつくるだけでなく，内容をスタッフに伝えることが一番重要です．そのため，グループ単位または個人別に口頭で報告したほうがよいのか，申し送りで何日間かは繰り返し伝えたほうがよいのか，ノートに書いて回覧させたほうがよいのか，これらのすべてをやる必要があるのかなど，その内容や重要度などを見計らい，伝達手段，伝達の場を考えよう．
- 後から「聞いていませんでした」「知りませんでした」と反論してくるスタッフなどには，直接説明したり，報告書を手渡したり，あなたなりの報告のスタイルをつくりあげよう．この報告からプレゼンテーションが始まっている．

図14　会議での決定事項をスタッフに伝達する例

① 会議終了直後
・会議の間，フロアに戻って残っている職員に口頭で言う
② 現場に戻って
・フロアの回覧ノートに書く．メモで貼り出す．白板などに書く
③ 当日または翌日までに
・会議報告書を作成する．提出は原本とし，職員間の回覧はコピーを使う．個別に必要な職員にはコピーして渡す
④ 翌日
・朝礼や申し送りのとき，簡潔に口頭で報告する．重要事項は最低3か日間は，繰り返す
⑤ 1か月以内
・自分の所属フロアの会議で，資料を使って会議内容を報告する

Self Reform

● あなたの施設での伝達方法を考えてみてください．

①
②
③
④
⑤

● いつも「聞いていませんでした」「知りませんでした」と言ってくるスタッフがいますか？
どこの配属の誰ですか？

● その対策はどうしていますか？

4-2-5　ステップ3：現場の意見を取りまとめて報告・発言できる

- 現場からの不平不満を改善するために「会議」でのあなたの発言はとても重要です．あなたの会議での発言により，その課題の現場での重要性や切迫性が問われ，それが上司や管理部に伝わる第一歩なのです．
- スタッフからあがっている発言をただ，「たいへん，たいへんなんです」「人手が足りません」と報告するだけでなく，きちんと根拠をもって発言する姿勢をもとう．

図15　会議で発言するということは

会議で発言しない	＝	会議を他人ごとと思っている
・きらわれたくない ・口下手なので ・発言するタイミングがわからない ・何を言っていいのかわからない		・あふれ出る「やりたいこと」「やらねばならないこと」が見えていない

内容はトンチンカンでも発言する	＝	会議を自分のことだと思っている
・自分が発言しないと何も始まらないことを自覚している		・「やりたいこと」「やらねばならないこと」がまとまっていなくても思いはある

あー！今日も何も言えなかったよぉ．

あー！今日も変なこと言っちゃったぁ‥．

Self Reform

●あなたが今まで会議で発言しなかった理由は何ですか？

・その理由はどうすれば乗り越えられますか？

●あなたが今まで会議で発言したことを書き出してください．

・そのときの皆の反応はどうでしたか？

① 入退職の状況をみて，募集の根拠を示す

- 「人手不足です」「わたしたちが忙しく，お年寄りと関わる時間がもてないのは，人数が足りないからです」と不満を漏らすスタッフは，どこの施設にも多くいます．
- 実際に人手が少ないのか？　他に原因があるにもかかわらず人手不足のせいにしているのか？と，スタッフの発言に振り回されるのではなく，事実を確認しなければなりません．
- なぜそのような発言が出るのか？　現場は実際どんな状況なのか，全体としてどう考えたらいいのか，リーダーなりに分析する．
- 現在のスタッフの入退職の状況により，「日勤のパートさんが不足している」や「夜勤のできる職員が○名不足している」など，どんな人がどの時間帯に何名必要かを考えましょう．退職が重なってしまったとき，妊婦や病人がいるとき，新人が入る時期など，それぞれ状況によって「必要な人手」は異なってきます．

⇒ 実話編 7-1-3（128頁）

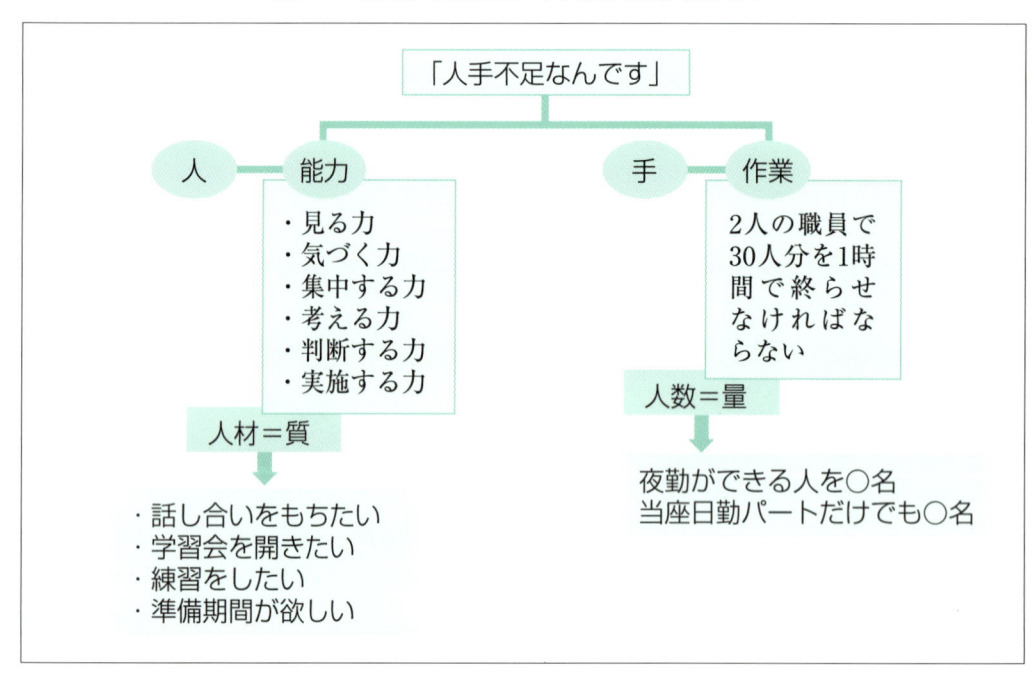

図 16　「人手不足なんです」は意見ではない

```
                    「人手不足なんです」
                    ┌──────┴──────┐
              ┌─────┴─────┐   ┌─────┴─────┐
              人 ── 能力        手 ── 作業
                 ・見る力          2人の職員で
                 ・気づく力        30人分を1時
                 ・集中する力      間で終らせ
                 ・考える力        なければな
                 ・判断する力      らない
                 ・実施する力
                                  人数＝量
              人材＝質             ↓
                                  夜勤ができる人を○名
              ・話し合いをもちたい  当座日勤パートだけでも○名
              ・学習会を開きたい
              ・練習をしたい
              ・準備期間が欲しい
```

Self Reform

● 今どんな場面で，人手不足だなあと感じますか？

```
[                                                    ]
```

● 今現在，とりあえず必要です．

・この業務のために ⟶ [   ]

・どんな職員を ⟶ [   ]

・何人 ⟶ [   ] 人

● これから将来にかけて，確実に育てていきます．

・この業務のために ⟶ [   ]

・どんな職員を ⟶ [   ]

・何人 ⟶ [   ] 人

4 就任後1年以内にやるべきこと ― 会議

② 物品
- トイレがよく詰まります．水の流れがわるいので修理をしてください．
- 汚物処理やゴミの出しかたを工夫したいと思っています．具体的に改善方法を検討したいのですが，よい案が浮かびません．協力をお願いいたします，など．
- 「建物がわるいから自分たちの介護はたいへんなんだ」と，安易に環境・施設・建物のせいにしない．

③ 業務上の問題（他部署連携）
- 食事をゆっくりと楽しんで食べていただくために，バラバラ誘導を導入したいと考えています．そのために食事時間の変更が予想されるので，栄養科や厨房の協力が必要となります．一度担当部署の代表者で打合せをお願いしたいと考えています，など．

④ 今後の行事・計画の連絡
- 花見へお年寄りと〇月〇日出かけます．介助者の人数が不足していますので，当日〇人の応援をお願いします，など．
- 人の応援が不要でも行事のことは会議で報告しておく．「掲示板に貼ってありますから」「毎年恒例だから言わなくてもいいんじゃないか」は通用しない．一つ屋根の下で生活する施設なんだから，「何をやっているのか」を他部署に知らせることで，目に見えない配慮・応援を受けることとなる．

図17　見えない配慮の例

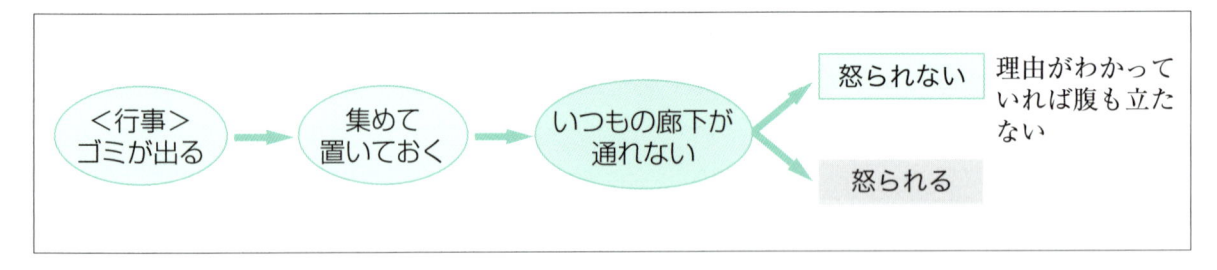

＜行事＞ゴミが出る → 集めて置いておく → いつもの廊下が通れない → 怒られない（理由がわかっていれば腹も立たない）／怒られる

⑤ 他部署協力依頼
- 現在デイサービスの利用者である〇〇さんを，来月に入所者として受け入れる予定です．認知症が深く帰宅願望が強いため，入所後も一人で外出してしまう可能性があります．入居後はその方への言葉かけをデイサービスと手分けして確実に行っていきたいと考えておりますので，ご協力をよろしくお願いします．など．

⑥ 発言
- とにかく会議では，「声を大きく」「顔を上げ」「目を見て」発言してください．
- あなたは，あなた一人でその会議に参加しているのではなく，フロアやスタッフ，お年寄りを代表して参加・発言しているのだから，その態度や発言内容は堂々として行いましょう．

Self Reform

●あなたが今後，会議で発言したいと考えていることは何ですか？

・それを大きな声で，顔を上げ，目を見て，発言できますか？

・説得力のある発言のためには，何が必要だと思いますか？

・会議での態度で，参考にしたい人がいますか？　それは誰で，どんなところですか？

4-2-6 ステップ4：発言や決定事項を徹底して実行できる

① 会議の決議を受けて，自分のフロアでの取り組み課題，個人の取り組み課題を明確に示す
→指示する

- 決議内容はその主催者の命令である．
- 特に，「給与」や「人事」などの上司命令は，必ず該当する部下にわかりやすく説明してください．
- そもそも会議の決議をあなた自身が納得していなければ，あなたから説明を受けるスタッフはもっと納得できず，決議内容を徹底することは困難．
- あなた自身が納得するまで会議で話し合うことが重要．
- 介護の現場は人間関係の積み重ねだから，言いにくいことがあるかもしれないけれども，上司の命令としてリーダーが納得して説明する．
- 不納得なまま説明しても部下には伝わらない．伝わらないのはあなたが納得していないからだ．

② その経過を確認する

- フロア会議で，ノートで，報告書で，日誌で，申し送りで，あなたが会議の決議として伝えたことがどうなっているのかを確認する．スタッフは知っているか？　理解しているか？　おこなっているか？
- 職員に伝わらないのは，何がいけなかったのかを反省する材料とする．

③ 状況や意見をまとめる

- たとえばフロアで嘔吐下痢症がはやり始めたことの対策として，全員（お年寄りもスタッフも）マスク着用と決定された．リーダーはこの決定事項を徹底して現場に守らせる．

図18　全員マスクの徹底をどう分析するか？

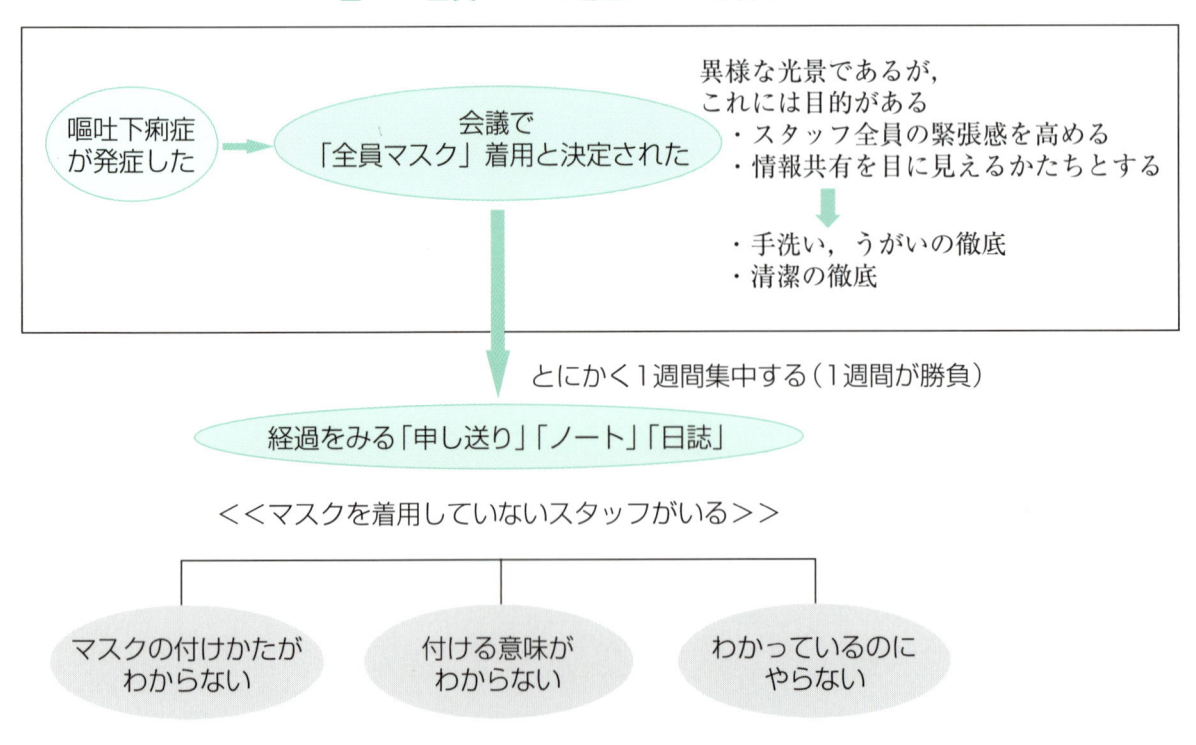

嘔吐下痢症が発症した → 会議で「全員マスク」着用と決定された

異様な光景であるが，これには目的がある
- スタッフ全員の緊張感を高める
- 情報共有を目に見えるかたちとする

- 手洗い，うがいの徹底
- 清潔の徹底

とにかく1週間集中する（1週間が勝負）

経過をみる「申し送り」「ノート」「日誌」

<<マスクを着用していないスタッフがいる>>

- マスクの付けかたがわからない
- 付ける意味がわからない
- わかっているのにやらない

<<再度リーダーとして会議内容を徹底させる>>

Self Reform

● あなたの施設では，会議の決定事項は，誰が誰に伝えていますか？

・その決定事項は，徹底して実行されていますか？

・もし実行されていないとしたら，その原因は何だと思いますか？

4-3　勤務表

4-3-1　勤務表とは

- その日のサービス提供の基礎（質）そのものです．あなたのチームにはさまざまなレベルの人や得意不得意などをもついろいろなスタッフがいます．そういう人たちが同じお年寄りに毎日の生活ケアを行っていきます．そのサービスの質を保全する基本となるものです．

図19　勤務表が作成できてはじめてリーダーだ

1年目	=	自分に関する勤務しかみえない　＜自分とお年寄り＞
2～3年目	=	パートナーとの組み合わせにより今日の勤務がどうなるか予想できる　↓　＜組み合わせ＞がみえる・わかる
リーダーレベル	=	勤務表が作成できる　＜自分・お年寄り・組み合わせにより毎日が違ってくることがわかる＞

- 法律を守る，運営基準の最終的な表われ．

図20　勤務表は公文書である

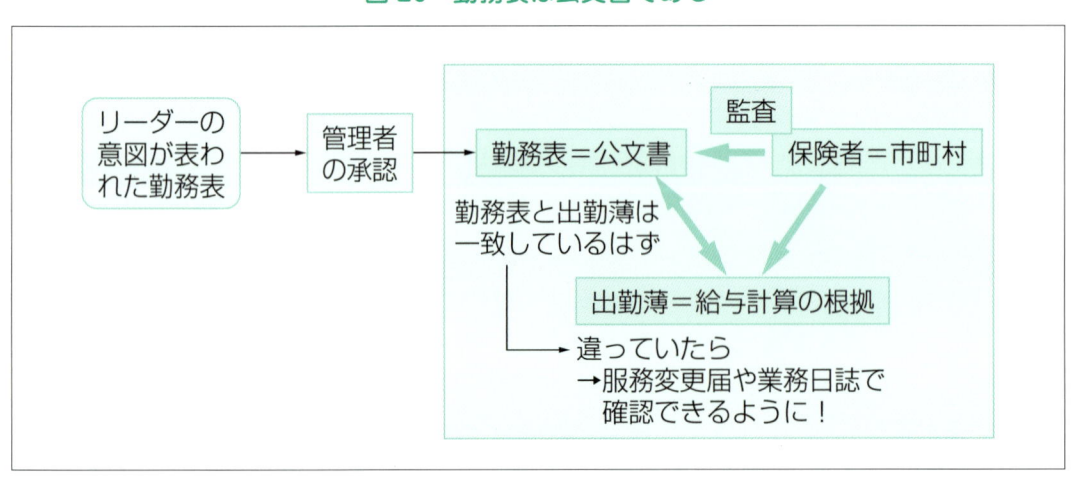

リーダーの意図が表われた勤務表 → 管理者の承認 → 勤務表＝公文書 ← 保険者＝市町村／監査

勤務表と出勤薄は一致しているはず
出勤薄＝給与計算の根拠
→違っていたら
→服務変更届や業務日誌で確認できるように！

図21　勤務表の考えかた

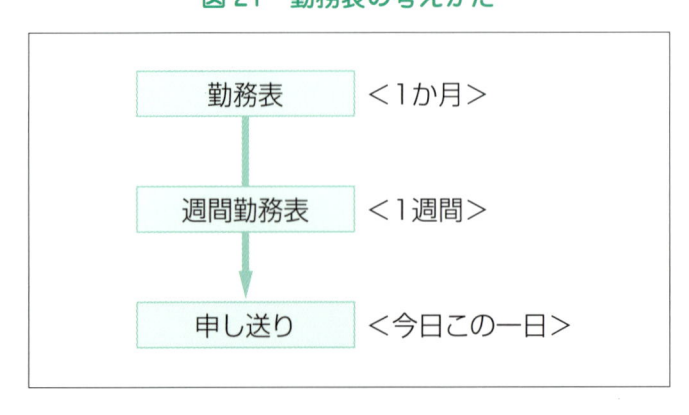

勤務表	＜1か月＞
週間勤務表	＜1週間＞
申し送り	＜今日この一日＞

Self Reform

●あなたの今月の勤務表を用意して貼ってください．

のりしろ

図 22　いい勤務表とは

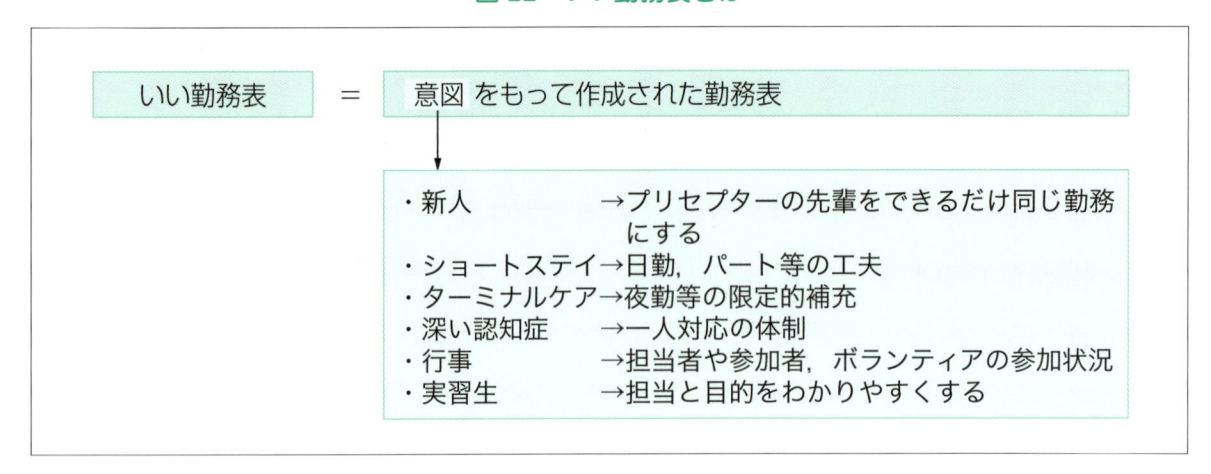

```
いい勤務表 ＝ 意図 をもって作成された勤務表
                    ↓
    ・新人          →プリセプターの先輩をできるだけ同じ勤務
                    にする
    ・ショートステイ →日勤，パート等の工夫
    ・ターミナルケア →夜勤等の限定的補充
    ・深い認知症    →一人対応の体制
    ・行事          →担当者や参加者，ボランティアの参加状況
    ・実習生        →担当と目的をわかりやすくする
```

4-3-2　勤務表を作成することの必要性

- スタッフの健康管理のためです．たとえ，本人が夜勤の連続や夜勤明けの日勤などを希望しても，その本人の体調や後からくる反動などを予想して，希望ばかりを鵜呑みにすることは避けるべきです．
- サービスの継続を示すためです．今日この一日のすばらしい業務は，継続していかなければ何にもならない．
- リーダーの看護介護観を具体的に表わすためです．勤務表を見ただけで，「うわあ，今月はこうきたかあ！」とにじみ出るようなものができてくると，現場がみれている証拠です．

Self Reform

● あなたの今月の勤務表の中で，働きやすい日だなあ，業務の仕上がりがいい日だなあと思う日がありますか？

```
ある    ・
        ・
        ・
ない    ・
        ・
        ・
```

・どうしてそのように思いましたか？

・働きやすい日

・働きにくい日

4　就任後1年以内にやるべきこと ── 勤務表

4-3-3 ステップ1：勤務表の作成の原則を知る

① 10のポイントを知る

図23　勤務表作成の10のポイント

① 希望休は2日間
　　・この2日間はできる限り守る
　　・3日間希望するときは家庭事情（法事，家族の病気など）を優先する）
② 最低限のスタッフの設定
　　・早番・遅番，日勤・夜勤などの勤務人数の確保
③ 基本形の体制を守る
　　・早番・遅番，日勤・夜勤などの時差出勤を守る
④ 会議の対応
　　・担当ケースのカンファレンス，担当委員会，担当会議などに出席できる
　　　ようにする
⑤ 行事への対応
　　・施設行事，外出などのメンバー対応，慰問，訪問者，実習生，研修生，
　　　ボランティアなど，来訪者への対応可能な勤務体制をつくる
⑥ 一日の流れ，今日のケアの流れをつくる
　　・ベテランと新人，できる人とできない人，敏感な人と鈍感な人，入浴ケ
　　　ア担当と排泄ケア担当と食事ケア担当などの組み合わせに留意し，出勤
　　　スタッフのバランスを考える
⑦ スタッフの体調を考える
　　・健康状態（生理，腰痛，妊娠など）を考慮する
⑧ パターンをつくる
　　・早番・遅番，日勤・夜勤，明け・休みなどの勤務パターンを基本として
　　　つくる
⑨ 施設内外の研修日程
　　・スタッフ一人一人にどんな研修に参加してほしいのか？　研修バランス
　　　を考える．
⑩ 有休届の確認
　　・届の締め切りを明確にする（当日・緊急時の対応を明確にする．病欠の対
　　　応，診断書の扱いなどを明確にする）

Self Reform

● あなたは勤務表を作ったことがありますか？

ある　　　　　　　　　　ない

・あなたの施設では，おもに誰が勤務表を作りますか？

　

・勤務表を作るとき（ある場合を想定して），注意する点，重きをおく点は何ですか？

　・希望休のとりかた
　・希望休の〆切日
　・作成日数
　・提出先
　・勤務表原本の全員配布日
　・
　・
　・
　・
　・

② リーダーがやりたい介護によりポイントを使い分ける
- 10のポイントのうち①は必ず守る．スタッフの希望にはできる限り応える．
- スタッフの希望がかなえてもらえたという事実から，「リーダーからわたしは存在を認めてもらえた」ととらえられ，これはスタッフのがんばる気持ちを支えるものとなる．
- もし，希望を聞きながらもいつもその希望通りにならない勤務表ばかりが続けば，スタッフは「うちのリーダーは一方的で，自分のことなんて考えてくれていない」「わたしなんてどうでもいいんだ」とすさんだ気持ちにさせてしまう．
- たかが2日間の希望休です．これをどう実現してあげるかが，リーダーの力の見せ所ともいえるのです．

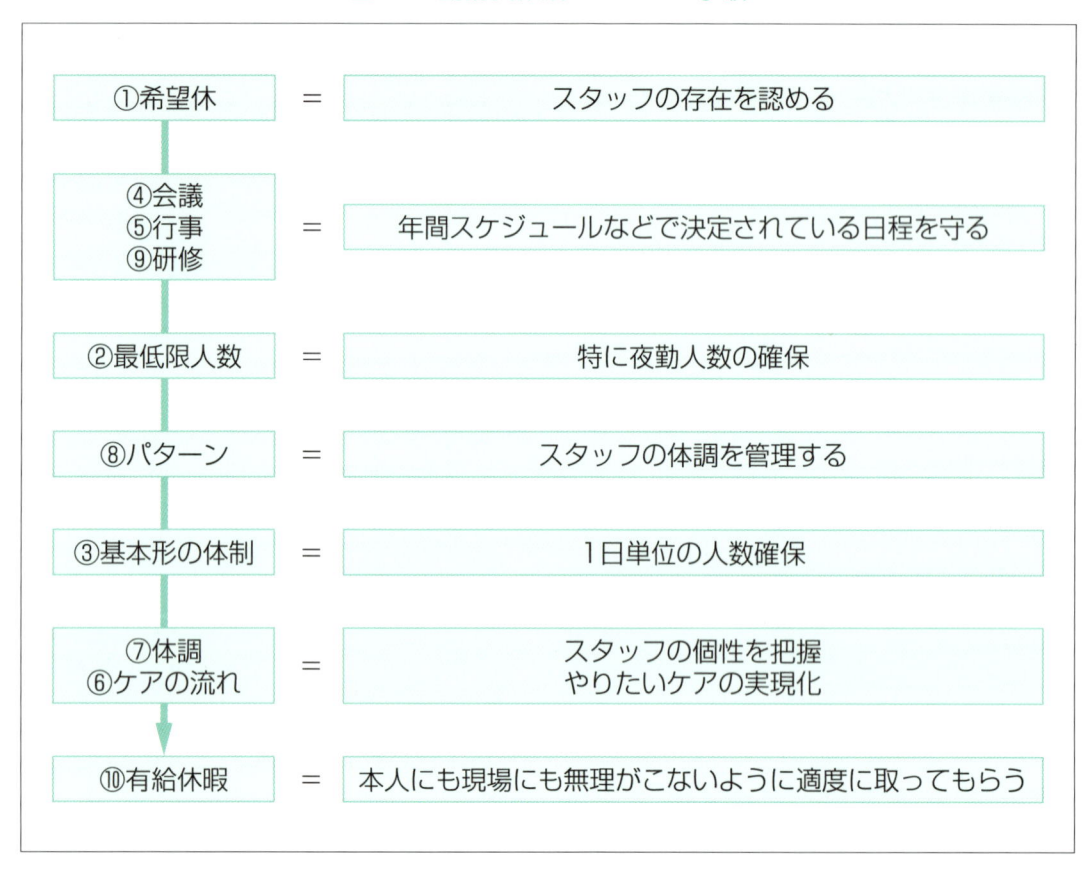

図24 勤務表作成ポイントの手順

①希望休	=	スタッフの存在を認める
④会議 ⑤行事 ⑨研修	=	年間スケジュールなどで決定されている日程を守る
②最低限人数	=	特に夜勤人数の確保
⑧パターン	=	スタッフの体調を管理する
③基本形の体制	=	1日単位の人数確保
⑦体調 ⑥ケアの流れ	=	スタッフの個性を把握 やりたいケアの実現化
⑩有給休暇	=	本人にも現場にも無理がこないように適度に取ってもらう

Self Reform

● あなたの施設の希望休は何日間ですか？

　　　　　　　　　　　日間/月

・希望休はスタッフの不満がなく勤務表に生かされていますか？

・希望休が重なったとき，あなたはどんな工夫をして勤務表を作成しますか？

> これ私の作った勤務表！文句があるなら言ってみて！どうしようもないけど…。

4-3-4 ステップ２：スタッフの希望/業務内容/組み合わせに合わせた勤務表が作成できる

- ステップ１との大きな違いは，勤務表の作成を，「リーダーらしさをもったものに仕上げていく」ということです．
- 特に，下記の点に注意して作成してみましょう．

① スタッフの希望

- 貼り出し，書き込み，面談により，より正確にスタッフ一人一人の希望を把握する．
- 「聞いていませんでした」「知りませんでした」がないように．
- 貼り出しの場所を言う，締め切りの期限を伝える，提出の場所を確認する．とにかく徹底する．
- 希望休が重なってしまった場合，特定のスタッフと直接交渉して調整する．
- 彼と久しぶりのデート，法事，病気，子どもの学校行事と，理由は人それぞれで優劣をつけがたい場合が多い．その際には，
  ⓐ 他のスタッフを力のある人たちにしてフォローしあう．
  ⓑ 半日ずつ休みを交代する妥協案とする．
  ⓒ 今までの希望休の実現具合でバランスをとる．いつも希望休が重なったときゆずってくれている職員，めったに希望休を言わない職員の「ここぞ」というときを認識する．
- 希望休を実現化した回数を丹念にチェックする場合も．
- 家庭が安定してはじめて仕事が続けられると，リーダー自身が認識すること．

図25　スタッフの希望をかなえるために，やってはいけないこと

希望日のおりあいがつかないからといって，リーダー（主任）がその穴埋めをしないこと！「わたしさえ出勤すればいいのよ」と悲劇のヒロインになってはいけない

↓

穴埋めをいつまでもリーダーが行っていると，勤務表の組み合わせが他のスタッフにとっては「他人事」「興味のないこと」となってしまう

Self Reform

●**あなたの施設の希望休の出しかたは工夫されていますか？**

- ・サービスステーションに白紙が貼られ，それに各自書き込む
- ・各自提出用紙に書き込み，リーダーに渡す
- ・リーダーに口頭で伝える
- ・リーダーの面談がある
- ・
- ・
- ・
- ・

・希望休が集中する場合，特定の人が犠牲になる月がありませんか？

・提出された希望休を変更してもらうための対応に工夫がありますか？

② 業務内容
- 行事，委員会，会議，研修など，外的要因でスケジュールが決定してしまっているものへの参加予定者を把握しておくこと．
- 業務改善をスタッフに要求しておきながら，その担当者が委員会に参加しにくい勤務体制では，リーダー自身が業務改善に消極的・非協力的だと判断される．
- 行事や会議などへの参加もスタッフによっては，休みを割いてよろこんで参加してくれる人もいれば，ボランティアでは絶対参加しない人もいる．その事情を考えながら勤務表をたてること．

③ 組み合わせ
- 新人とベテラン，得意と不得意，仲良しと不仲，などと組み合わせは無限にある．
- 特に「不仲」の間柄には「夜勤」を組ませられなくなるときがある．
- リーダーとしては，その組み合わせのときにどんな反応が起こるのか把握しておくことが重要．不得意な組み合わせでも意外と問題のない場合もあれば，仲良しであるために業務遂行が十分でなかったり，新人と組ませると極端に気張って失敗が多くなるなど，反応は本当に人さまざま．
- この組み合わせをつかむことが自分のチームをつかむこととなる．

⇒『看護介護のリーダー論』P70

④ 委員会（＝業務改善）
- 業務改善に向けた新しい取り組みが始まると，委員会活動が活発になる．リーダーとしてはその委員会に参加できるような勤務表が必要であることはもちろんだが，委員会（＝業務改善）の進捗にあわせた勤務表の変化も必要である．
- たとえば，「食事ケアで，バラバラ誘導を昼食からスタートしてみます」と委員会が決定した場合，その会議録を自ら読んで，昼食時前後の勤務スタッフの見直しを行い，1週間は食事委員会のメンバー1，2名を日勤に組み込むように工夫する．
- 口では業務改善をすすめながら，それを実現化する勤務表になっていないと，「委員会の活動に興味をもってくれない」「邪魔されている」「本当は反対しているのではないか」といった不安感となる．
- 実現できなければ一言その委員会に，「ごめんね」と言葉をかけておく．

⑤ まとめ役（＝次期リーダー）の発掘
- リーダー自身が休みのとき，その日を任せられるスタッフを見つけておく．それがのちのリーダー候補として目をつけることになる．
- リーダーが休みのときの申し送りの的確さ，リーダー不在時の報告・連絡・相談の適正さなどがその視点．
- 勤務表の作成時に想定しておくこと．

Self Reform

●あなたが業務をしやすい・仕上りがよいと感じるスタッフの組み合わせがありますか？

| ある（誰と誰） | ない |

・あなたが，業務をしにくい・仕上りがわるいと感じるスタッフの組み合わせがありますか？

| ある（誰と誰） | ない |

●勤務表の中に会議や行事などを書き込んでください．出席・参加すべき人が勤務する勤務表となっていますか？

| なっている　　なっていない |

●勤務表をみて，その日のまとめ役は誰か想像できますか？

| できる　　できない |

> この勤務表は今月の君の運命だと思いなさい．
>
> ウンメイ…？

4-3-5　ステップ3：突然の勤務変更（病欠／退職など）に対応できる

① **病欠**
- 直接本人に問い合わせる．メールや人づてなどはありえない．症状が重く本人が直接電話に出られない場合は，家族などから話を聞く．
- 診断書を提出させる．
- 状況を把握し，病欠の期間を見定める．
- 病状によっては健康管理に留意する．

図26　病欠への対応手順

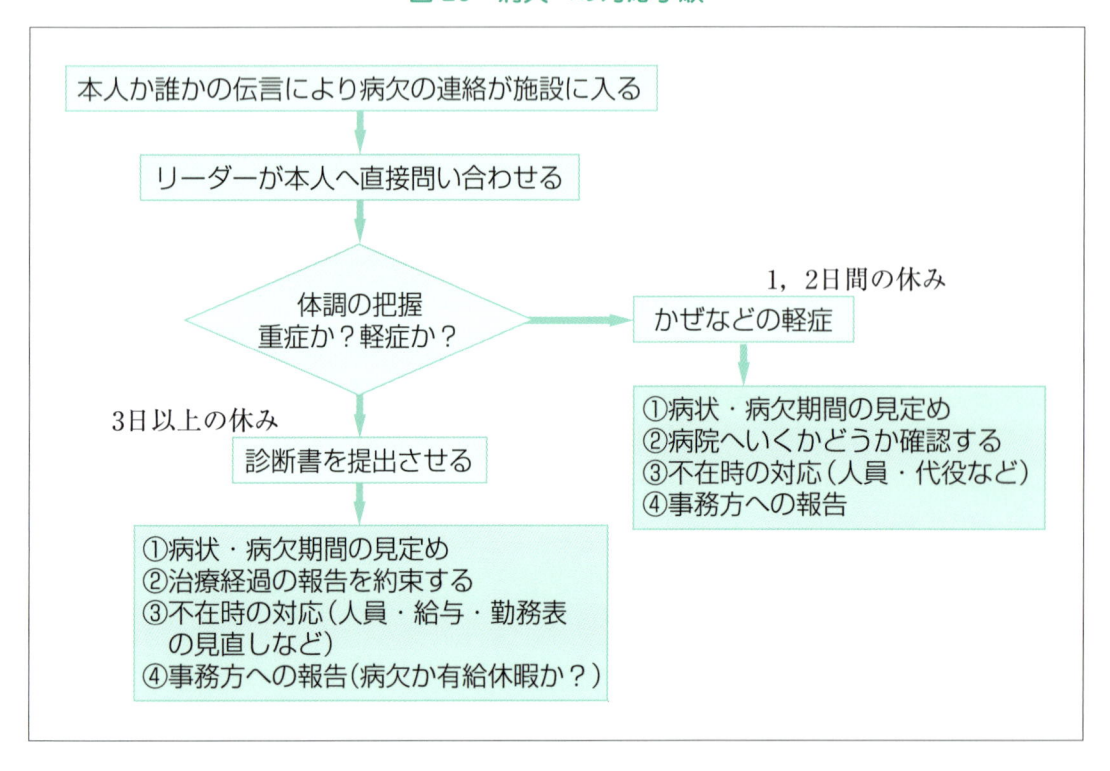

```
本人か誰かの伝言により病欠の連絡が施設に入る
            ↓
    リーダーが本人へ直接問い合わせる
            ↓
       体調の把握
       重症か？軽症か？ ────→ かぜなどの軽症（1,2日間の休み）
            ↓                        ↓
    3日以上の休み              ①病状・病欠期間の見定め
            ↓                  ②病院へいくかどうか確認する
      診断書を提出させる        ③不在時の対応（人員・代役など）
            ↓                  ④事務方への報告
  ①病状・病欠期間の見定め
  ②治療経過の報告を約束する
  ③不在時の対応（人員・給与・勤務表
    の見直しなど）
  ④事務方への報告（病欠か有給休暇か？）
```

図27　診断書がなぜ必要か？

感染症 ・インフルエンザ ・ノロ　　など	→復帰後に，施設に感染が広がったときにその職員が感染源ではないことを立証するもの →そのスタッフ自身を守るもの
精神的なもの ・そううつ病 ・ストレス性皮膚炎など	→完全治癒はむずかしい →医師に注意事項などを書いてもらうことで，復帰にあたってリーダーや他の仲間が配慮することなどを共有する

Self Reform

● **出勤日当日，あなたは突然発熱してしまいました．いつ，誰に，どのように報告しますか？**

・いつ

朝　　時　　分までに	出勤時間の　　分前までに

・誰に

・どのように

② 退職
- 退職日と最終出勤日の確認．
- 有給休暇はあとどれだけあるのか？
- 申し送りや，整理には，何日ぐらいかかるのか？

図28 退職と勤務表調整のタイミング

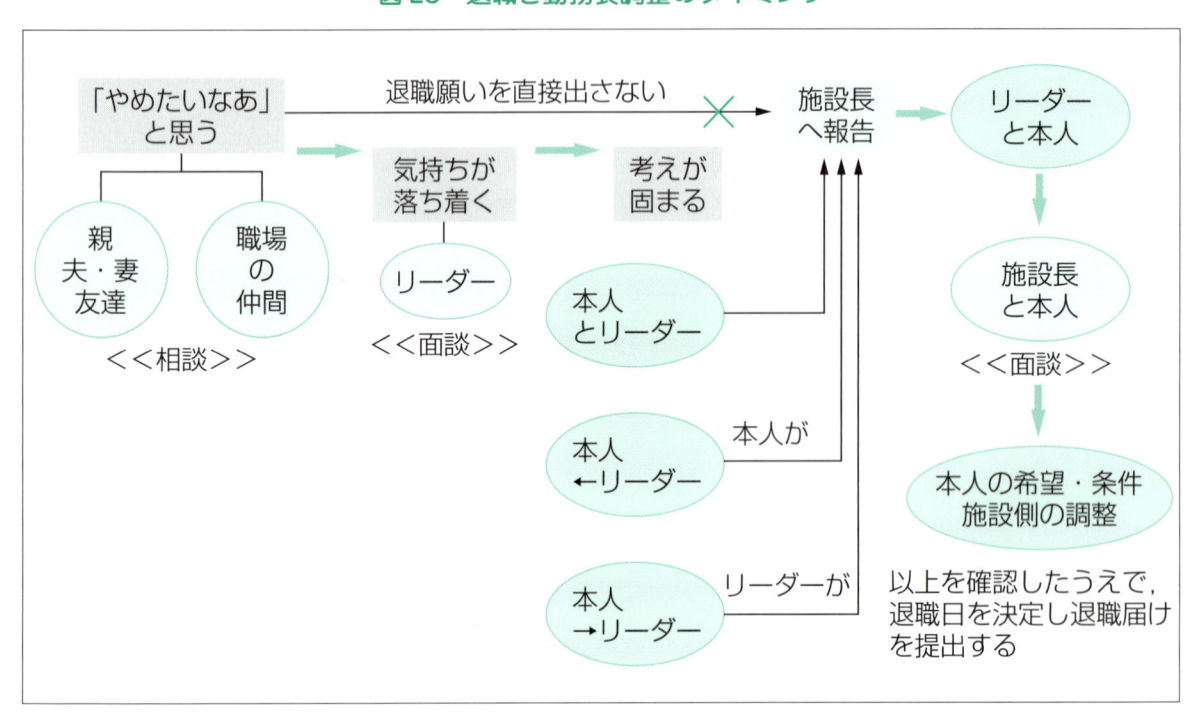

「やめたいなあ」と思う → 退職願いを直接出さない ✕ → 施設長へ報告 → リーダーと本人 → 施設長と本人 《面談》 → 本人の希望・条件 施設側の調整

《相談》: 親・夫・妻・友達／職場の仲間

《面談》: リーダー → 気持ちが落ち着く → 考えが固まる

本人とリーダー → 施設長へ報告
本人←リーダー（本人が）
本人→リーダー（リーダーが）

以上を確認したうえで，退職日を決定し退職届けを提出する

Self Reform

●あなたは「やめたいなあ」と思ったとき，誰に相談しますか？

・「やめたいなぁ」という気持ちを相談したとき，どんな言葉かけが今，心に残っていますか？

・あなたの直属の上司は，退職の相談にのってくれますか？

4 就任後1年以内にやるべきこと —— 勤務表

やめたいなぁ
やめたら楽になるかなぁ
やめても変らないかなぁ．
やめてどうするのかなぁ．

4-3-6 ステップ4：利用者状況に合わせ，リーダーの意志をもった勤務表が作成できる

① ターミナルのお年寄りを看取るための人員配置

- 夜勤スタッフの不安感の解消．夜勤体制を見込んだ勤務表．
- 他部署への応援依頼．
- 家族連絡，宿泊の受け入れ．
- 急変時対応の体制．他．

② 深い認知症のお年寄りを受け入れるための人員配置

- いわゆる行動障害（問題行動）といわれたBPSD（認知症の行動および心理症状）の背景を，わたしたちが十分に理解できていない．深い認知症のお年寄りを受け入れる場合，特別担当者の明確化と他の業務との調整．

⇒ 実話編 7-1-6（132頁）

- 他職種への応援要請．

③ リーダー自身を犠牲にしない

- 通常リーダーはフリーか日勤リーダー．日勤勤務を通してまず「日勤帯を掌握」しなければならない．そして「次期リーダー」をみつけなければならない．
- 急に欠員が出たからと，リーダーばかりが穴埋めをしてはいけない．
- ここ一番（クレーム，事故，体調不良，職員間のトラブルなど）というときに，率先して現況を把握してリーダー自らがまず動かなければならない．

図29 リーダーのがんばりの表と裏

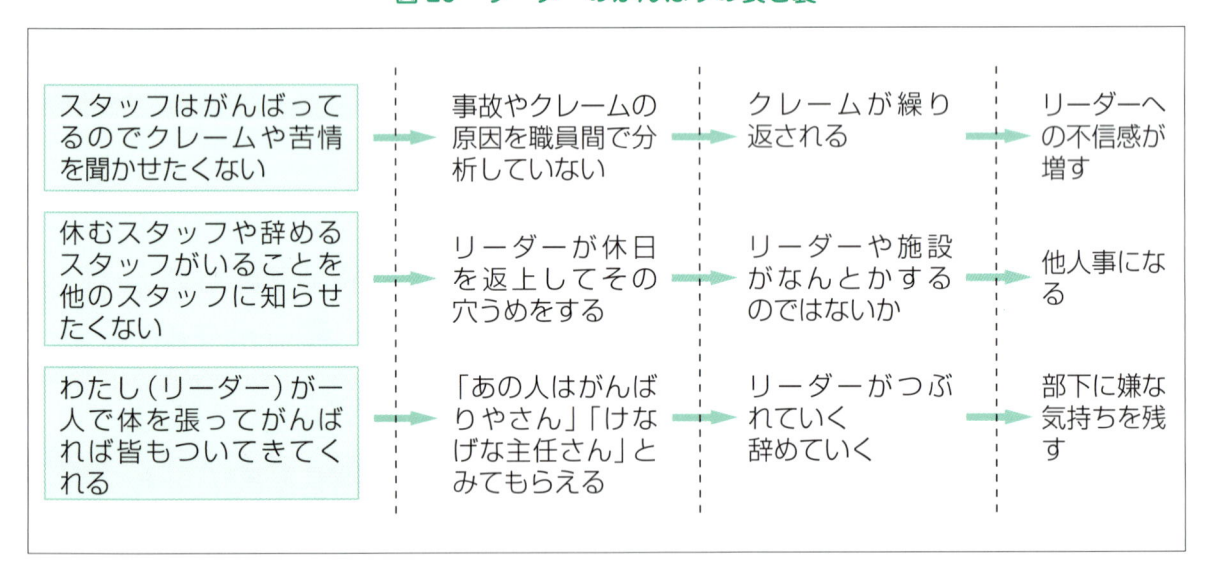

スタッフはがんばってるのでクレームや苦情を聞かせたくない	→ 事故やクレームの原因を職員間で分析していない	→ クレームが繰り返される	→ リーダーへの不信感が増す
休むスタッフや辞めるスタッフがいることを他のスタッフに知らせたくない	→ リーダーが休日を返上してその穴うめをする	→ リーダーや施設がなんとかするのではないか	→ 他人事になる
わたし（リーダー）が一人で体を張ってがんばれば皆もついてきてくれる	→ 「あの人はがんばりやさん」「けなげな主任さん」とみてもらえる	→ リーダーがつぶれていく辞めていく	→ 部下に嫌な気持ちを残す

Self Reform

●あらためて勤務表を見直したとき，作成者が何をしたいのか，読みとることができましたか？

日付	作成者の思い，何をしたいのか？

4-4 就業規則

4-4-1 就業規則とは
- 組織の中でお互いが安心して気持ちよく働くためのルールです．スポーツのルールや学校の校則と同様と考えてよい．
- スポーツの種類や学校毎にルールや校則が違うように，各施設によってこの就業規則は異なっている．
- 一般的な施設では入職と同時に手渡されるものだが，施設によっては就業規則を公表したがらない施設もある．その場合は胸を張って，「リーダーとして職務を全うするためにも必要である」ことを主張し，ぜひ手に入れよう！

4-4-2 就業規則を理解することの必要性
- もし就業規則がなければ，施設内のモラルが崩壊し，落ち着いて仕事ができなくなる．遅刻・早退が常習化したり，わるいことをしてもとがめられなければ，「正直者がバカをみる」職場となってしまう．そんな職場にしないための規則（ルール）．
- リーダーとしてチームをまとめるためにも，規則（ルール）はリーダーの発言・決定の裏づけとなるもの．使いこなせば心強い味方となる．

4-4-3 ステップ1：規則をしっかりと読む

① 保管場所・確認
- 自分の物を持っているか．
- なければ事務方に要求する．万が一事務方が拒否したら，自分を任命した上司に責任をもって用意してもらうように要請する．
- 職場で目の通しやすいところに置く．

Self Reform

●あなたは自分の施設（もしくは法人）の就業規則を持っていますか？

| 持っている | 持っていない（→上司や事務に相談し，入手してください） |

・就業規則を，始めから終わりまで読んだことがありますか？

| ある | ない（→とにかく一度，読んでください） |

> 就業規則は私たち職員で決めた職員の規則だよ。

② 一度は全体に目を通し，どうしてもわからない文言や項目は事務方（長）に聞く

- 眠くなってもひと通り読む，最後まで．
- 覚えなくてもよい！　誰かに聞かれたときに，「就業規則に書いてあったな」「〇〇ページぐらいにそんなことが書いてあったな」程度におさえておく．
- 今までの自分の職務態度と照らし合わせてみる．
  （たとえば，自分が身内のお葬式に出て急に勤務を休んだときに，上司から〇〇届を出せと言われ，また，施設名で〇〇金として〇〇〇〇円いただいたなど．）
- まったく理解不能であれば，上司や事務方にくいさがって聞く．ここで聞くことをはずかしがったりごまかしたりしてはいけない．リーダーとしてのあなたと事務方（特に長）との仕事上のつきあいの始まりだから．

③ どこに何が書いてあるかぐらいは知っておく

- 自分に関係しそうな箇所や気になる箇所にフセンを付けておく．アンダーラインを引いておく．

④ 遅刻・早退，有給休暇・欠勤の対応を把握する

- すぐに対応しなければならないであろう遅刻・早退，有給休暇・欠勤について，その定義や対応方法などを覚えておく．
- ときどきスタッフの中には，遅刻など職場に迷惑をかけても罰せられないように，開き直ったり言い訳することに，就業規則を悪用する人もいる．
- リーダーは就業規則を根拠に，規律を正すことを重要視すること．リーダーは不安になったら就業規則の主旨・内容を正しく理解できるよう努力し，き然とした態度がとれるようにする．
- リーダーが部下に注意しやすくするための道具が就業規則なのだ．

図30　遅刻・早退，有給休暇・欠勤のポイント

種類	ポイント
遅刻	・〇分遅れたら遅刻，〇分以上は欠勤 ・遅刻届は誰にいつ出すのか，どんな書式か？
早退	・〇分早く帰ったら早退，〇分以上は半休 ・早退届は誰にいつ出すのか，どんな書式か？
有給休暇	・年間〇日あるのか ・とりかたはどんな手順か ・常勤と非常勤では異なっているのか？ ・有給休暇届は誰にいつ出すのか，どんな書式か？
欠勤	・どんなときが欠勤になるのか ・いわゆる無断欠勤は罪が重い．これを繰り返すスタッフには厳重なる注意，もしくは退職勧告・解雇になる場合もある

Self Reform

●ひと通り読んで，下記の部分に内容のポイントを記入してください．

項目	内容
遅刻	
早退	
有給休暇	
欠勤	

4-4-4　ステップ2：規則に関するスタッフの疑問（給与/休暇）に確実に答えられる

① 時間外勤務手当（いわゆる残業料）

- お年寄りやチームに必要な残業であるのか，リーダーとして依頼した残業なのか，帰宅するのが嫌でだらだら残っているだけなのか，など，同じ「時間外の仕事・業務」でも区別していくこと．

図31　残業として認められるまで

```
リーダー      ＜現場＞         リーダー    判断
 ＝    →   いそがしくて  →              → 指示：必要と認められて
勤務表       人手が必要                        残る
              ↑            人手が少なければ  思い：気になってしょう
              │            ・事故になるか         がないから残っている
            残業           ・迷惑をかけるか   あそび：ただ，ダラダラ
              │            ・質がおちるか          いるだけ
            命令
         「1時間残りなさい」
                                    ↓
                            管理側に報告する
                                  ＝
                            時間外手当の請求
```

図32　残業（時間外勤務）を請求しないスタッフへも配慮

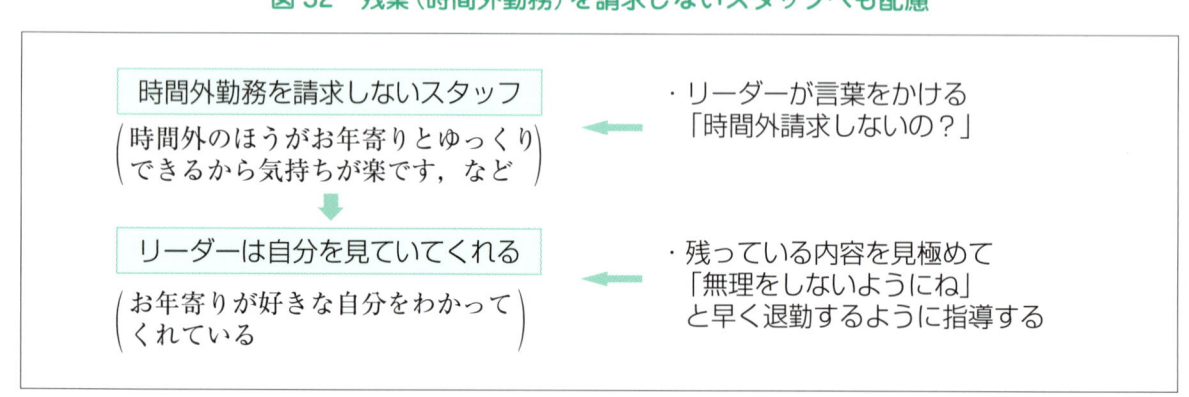

時間外勤務を請求しないスタッフ　　　　　・リーダーが言葉をかける
（時間外のほうがお年寄りとゆっくり　　　　「時間外請求しないの？」
　できるから気持ちが楽です，など）

リーダーは自分を見ていてくれる　　　　　・残っている内容を見極めて
（お年寄りが好きな自分をわかって　　　　　「無理をしないようにね」
　くれている）　　　　　　　　　　　　　　と早く退勤するように指導する

Self Reform

●あなたの施設では，時間外勤務手当（残業料）はどのように支給されていますか？

・事前に [　　　　　　] へ報告し，[　　　　　　] の許可をもらう．

・タイムカードにより自動的に計算される．

・後日，時間外勤務手当の請求を出せば，ほぼ支給される．

君は時間外．
君は問題外．

② 休暇のとりかた
- そもそも休暇（休み）には，「種類」と「とりかた」があることを認識する．
- 遅刻と半休の違い．
- 有給休暇と公休の違い．
- 有給休暇のとりかた（職員が有給休暇を取りやすいようにうながしたり調整を心がける）．常識として有給休暇は現場が安定していることを前提にとる，など）．
- 病欠の取り扱い（決められた期間を超える場合は，休職での対応指示など）．
- 産前産後休暇（産休），育児休業（育休），介護休業，生理休暇．
- 特別休暇（身内の冠婚葬祭，何親等までが範囲となるか，事務への報告の有無，職員互助会などへの報告の有無）．

③ 給与計算の根拠・待遇
- 常勤と非常勤でトラブルになるケースが多い．
- パートの熟練おばちゃんが常勤採用の新人に不満をもつことが多く，「あの子は使えないのになぜ給料が高いのか？」という素朴な疑問から不満が続出する．
- リーダー自身が各スタッフの勤務条件を把握し，それに伴って給与にも変化があることを把握しておく必要がある．

図33　常勤と非常勤の考えかた

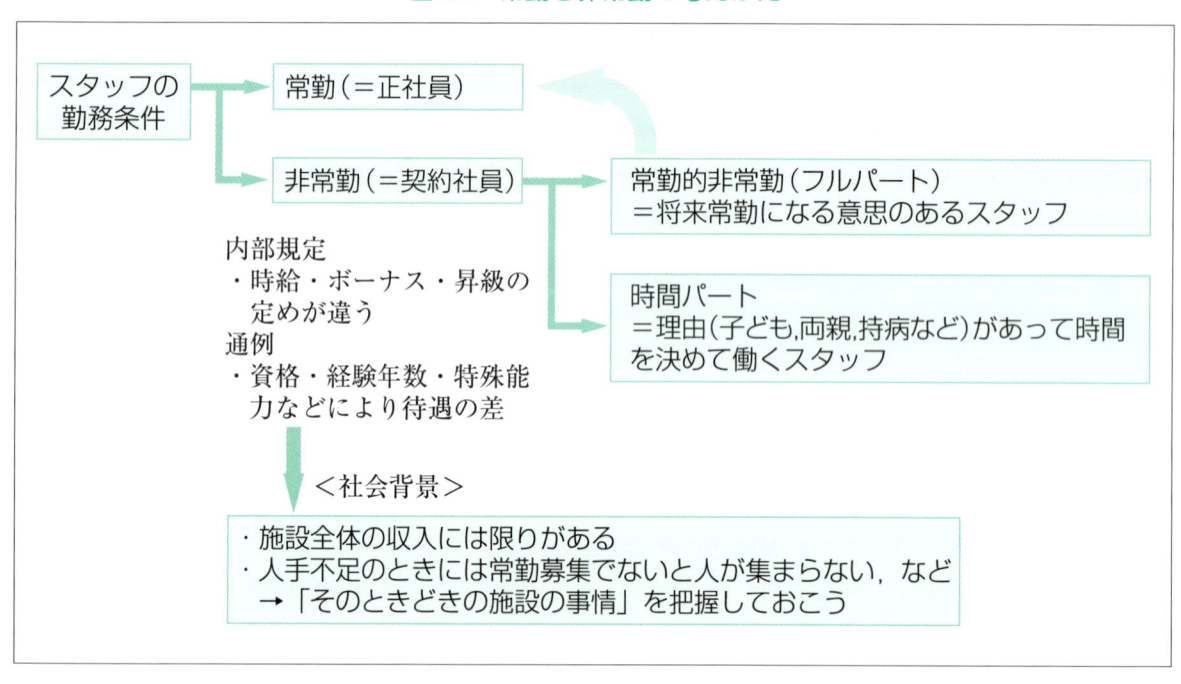

スタッフの勤務条件
- 常勤（＝正社員）
- 非常勤（＝契約社員）
  - 常勤的非常勤（フルパート）＝将来常勤になる意思のあるスタッフ
  - 時間パート＝理由（子ども,両親,持病など）があって時間を決めて働くスタッフ

内部規定
・時給・ボーナス・昇級の定めが違う
通例
・資格・経験年数・特殊能力などにより待遇の差

＜社会背景＞
・施設全体の収入には限りがある
・人手不足のときには常勤募集でないと人が集まらない，など
　→「そのときどきの施設の事情」を把握しておこう

Self Reform

●あなたが考える常勤と非常勤とは何ですか？

・常勤

・非常勤

図34 常勤と非常勤の責任は？

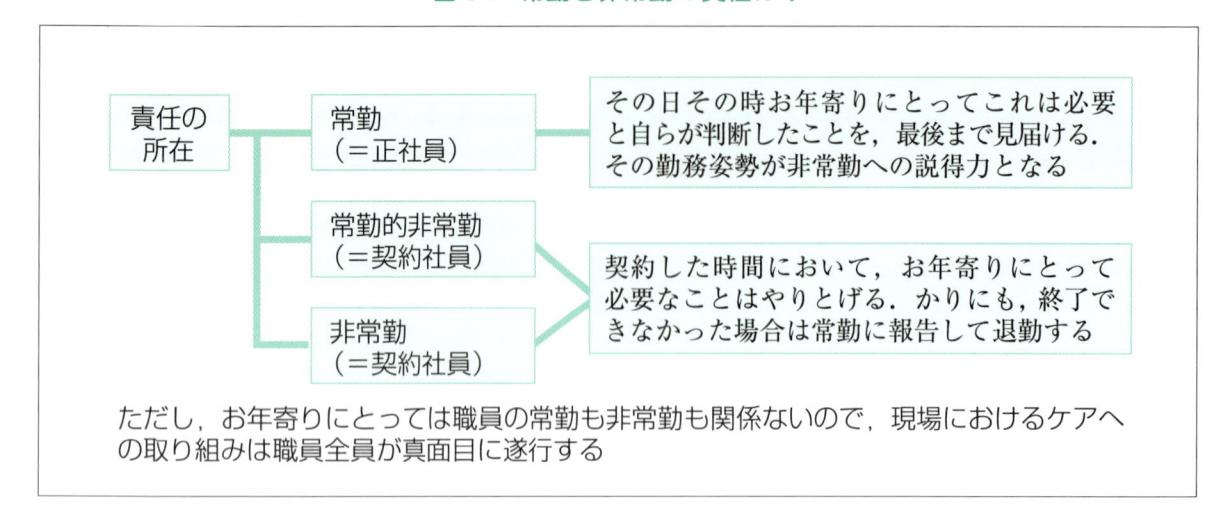

```
                    常勤            その日その時お年寄りにとってこれは必要
                   （＝正社員）      と自らが判断したことを，最後まで見届ける．
     責任の                         その勤務姿勢が非常勤への説得力となる
     所在         常勤的非常勤
                 （＝契約社員）      契約した時間において，お年寄りにとって
                                    必要なことはやりとげる．かりにも，終了で
                    非常勤          きなかった場合は常勤に報告して退勤する
                 （＝契約社員）
```

ただし，お年寄りにとっては職員の常勤も非常勤も関係ないので，現場におけるケアへの取り組みは職員全員が真面目に遂行する

④ **労働災害（労災）**

- スタッフが業務上（仕事中）や通勤途上で，負傷（ケガ），疾病，障害，死亡した場合は，労働災害（＝労災）として認められるが，事務方も知らなければ対応できないので，リーダーの上司への報告にかかっている．

図35 労働災害（労災）と認められるまで

```
                    口頭
   仕事中の事故   ─報告書─→   事務方へ報告

   ・お年寄りからケガをさせられた   報告に基づき判断
   ・職場で転んだ                   労働基準監督署への連絡
   ・通勤途上交通事故にあった

              ＜労災適応＞
              ・治療費の負担
              ・休業保障を受ける
```

- 手続きは事務方がするので，リーダーはまず職員が事務へ報告するための手伝いをする．

⑤ **その他**

- 就業規則には，今までの慣例や暗黙の了解といった不明確な部分，明文化されていない部分がある．
- それらを前提とせず，原則をリーダー自身が把握し，うわさや慣例に振りまわされないようにすることが重要．

Self Reform

● あなたは仕事中（もしくは通勤途上）に，事故にあったことやケガをしたことがありますか？

　　　ある（仕事中・通勤中）　　　　　　　　　ない

・どんな事故やケガでしたか？

・そのときに，上司や事務に報告しましたか？

　・報告した
　・報告しなかった
　　（その理由）

・どんな対応をしてもらいましたか？

4-4-5 ステップ３：規則に当てはまるスタッフ（退職/産休/非常勤など）の対応に関し上司に報告・検討できる

① 退職の時期の調整や有給休暇消化の時期，とりかたなど

図36　退職までの流れ（再掲）

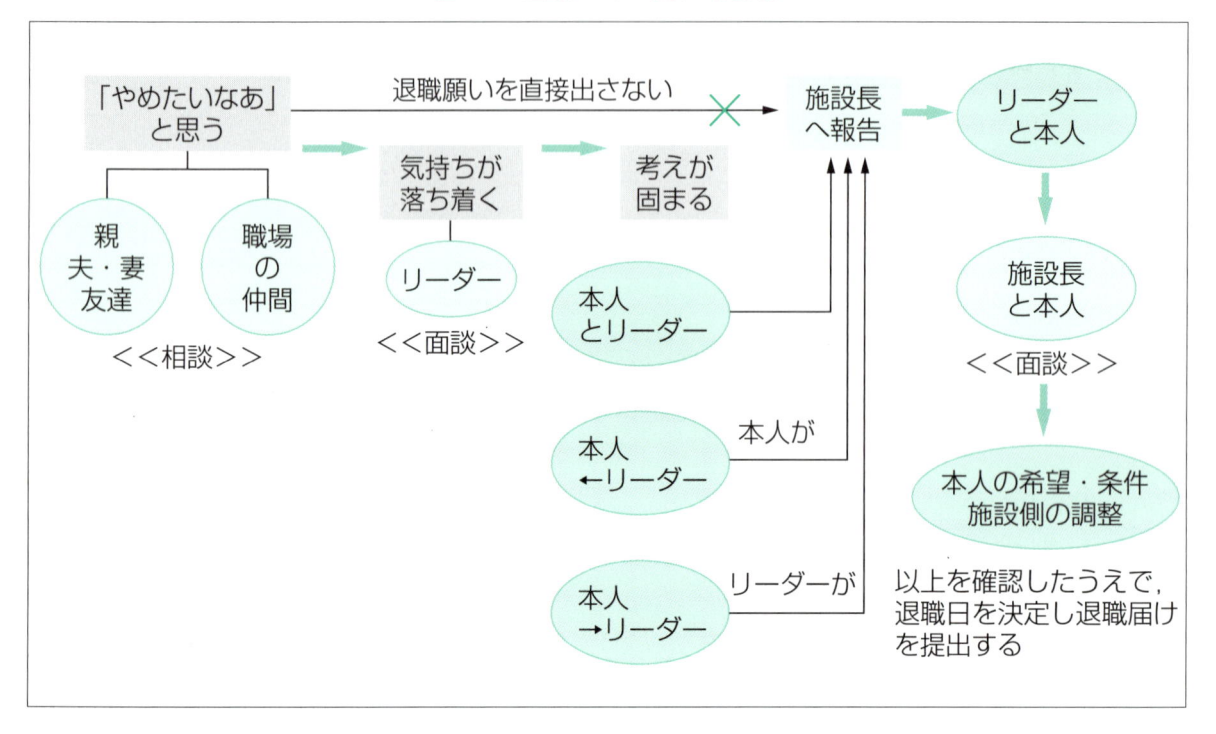

② 妊娠報告→妊娠中の勤務→産前産後休暇（産休）/育児休業（育休）のとりかた→復職の時期/職場

図37　妊娠の報告から復職までの流れ

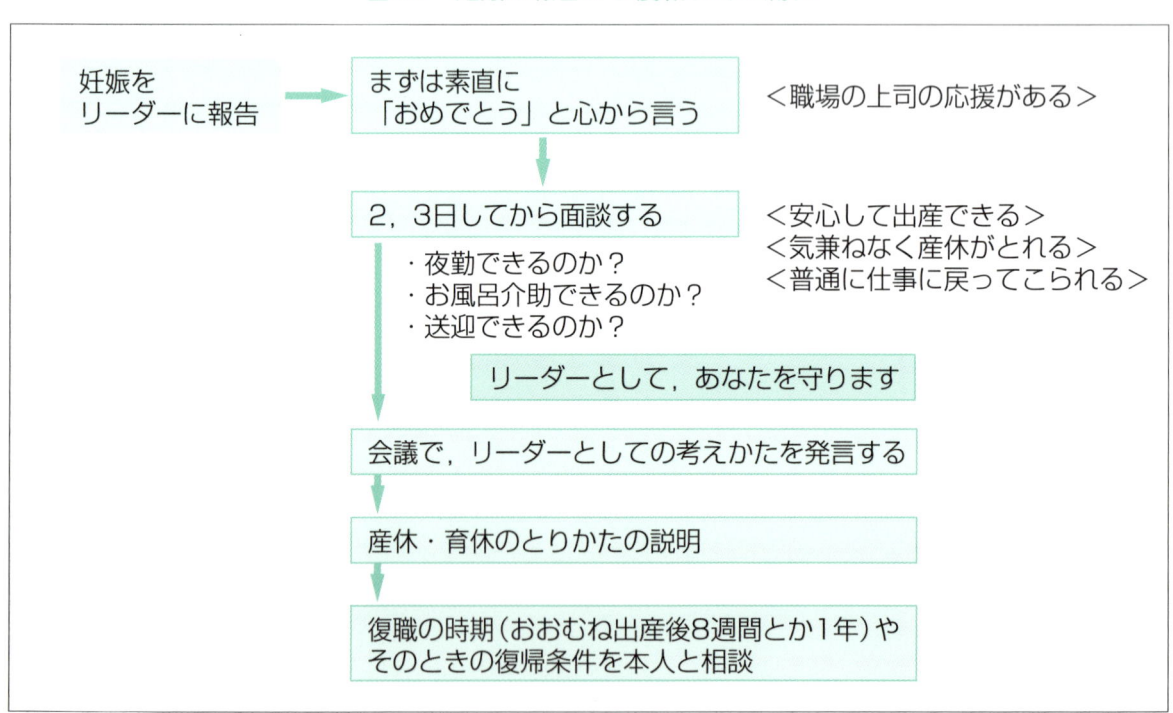

Self Reform

● あなたの職場は，妊婦が働きやすい職場になっていますか？

| なっている | なっていない（なぜ？　　　　　　　　　　　　　　　） |

・産休は，出産予定日より　[　　　]　日前から

　　　　　出産日から　[　　　]　日後まで

・育休は，出産日から　[　　　]　日後以内

● あなたの職場は，男性にも産休や育休がありますか？

・産休

| ある（　　　）日間　　　　ない |

・育休

| ある（　　　）日間　　　　ない |

> 私，日本一の赤ちゃん産みます！よろしく。

図 38　リーダーとしての考え（発言）の例

- わたしたちの仕事は，お年寄りの顔色を見ながら「どうだろう，こうだろう」と考え，思いを馳せるのが仕事です
- だから一緒に働く仲間は病気をもっている人だろうが妊婦だろうが何だろうが，今日出勤しているということは，働く意志がある，働けると自分で判断したから出勤したととらえます
- いったん現場に出たら，新人・ベテラン，常勤・非常勤，妊婦，病気，ほかなんだろうが，お年寄りには関係のないこと．一人の職員として，必要な仕事はしっかりやる
- ただし 先輩が後輩に，強いが弱いに，がんばるががんばれないに一定の配慮をして，育成，働きやすさ，継続を 共に つくりたいという気持ちは互いにある
- その気持ちはあるんだけれど，わたしたちはお年寄りには気を遣うけれども職員同士に気を遣うことは なかなか できない．なぜならお年寄りに 気を遣っているからね
- だから 君（妊婦）から申し出てほしい，少し面倒だし 勇気もいるけど
- 立ち仕事は きつい
- 抱え仕事は できない
- 運転・夜勤はむずかしい
- すまないが，君が言わないと周りはわからない
- 妊娠は病気じゃないけど，個人差が大きいから言わないとわからない
- 支えたいと思っても，支えかたがわからないとついつい人は イライラするからね
- わたし（リーダー）は職員が安心して妊娠・出産そして産休・復帰のできる職場にしていきたいと思っています．今回の彼女の妊娠をきっかけに，みんなでそういう職場づくりをしていこう

③　**生理休暇**

④　**病欠時対応→診断書や期間**

⑤　**非常勤から常勤希望，非常勤の条件変更**

Self Reform

●あなたが，新人のとき，病気のとき，家族とのトラブルがあったとき，彼（彼女）と別れて元気がないときなど，あなたが落ち込んでいるときに，リーダーや上司，先輩から言葉をかけてもらい，勇気づけられ元気づけられたことがありますか？

　　　ある　（誰に　　　　　　　　　　　　　　）　　　ない

・それはどんな言葉でしたか？

手書きイラスト：
男と別れた！
エライ！エライなぁ！
別れたことのない人より
別れたことのある人の方が
味のある
介護するんやで
あんた
これから
いい仕事
するよ！

4-4-6　ステップ4：就業規則を使いこなせる（懲罰規定に則った退職勧告など）

- リーダーは人を雇いもするし，退職させなければならないときもある．共に働く仲間を，自分自身のケアに対する信念をもって判断していかなければならない．
- 他の一般スタッフとは，権限を含めて自分（リーダー）の立ち位置は大きく異なることを覚悟する．腹をくくる．そういう意味ではリーダーは孤独なのだ．

① 休みのとりかた・調整

② 給与や手当についての説明

③ 退職までの指導

④ 就業規則を根拠にして勤務態度の指導

- 自分のチームでは十分に能力を発揮できないスタッフの配置転換や，お年寄りの介護に不適合なスタッフへの退職勧告．

⇒『看護介護のリーダー論』P71

Self Reform

●あなたもしくはあなたのリーダーは，就業規則を根拠にスタッフを指導できていますか？

| できている | できていない |

・指導ができていない場合，その理由は何だと思いますか？

4-5 記録

4-5-1 記録とは

- いつどこで誰から何を問われても説明できる根拠.
- ただし,他人のために書くのではない.わたしたちの「ケア」の基盤づくりだ.
- 記録は,施設(=わたしたち)がやりたいケアが表現されたもの.第三者から「どんなケアをしていますか」と尋ねられたとき,ケア概念や施設方針を裏づけするものとなる.概念や方針が上滑りして実際の毎日の業務では行われていないかどうか振り返ることができる.
- お年寄りの個人記録は,一人のお年寄りに対して施設が行ったケアの内容となり,万が一訴訟になった場合に,施設側の主張を証明する重要な証拠となる.「ちゃんとケアしていました」と口頭で言うのでは証拠とならない.時系列のある文章での記録が必要.
- 今,自分たちが「何をしているのか」を確かめることができる.

図 39 記録の位置づけ(考えかた)

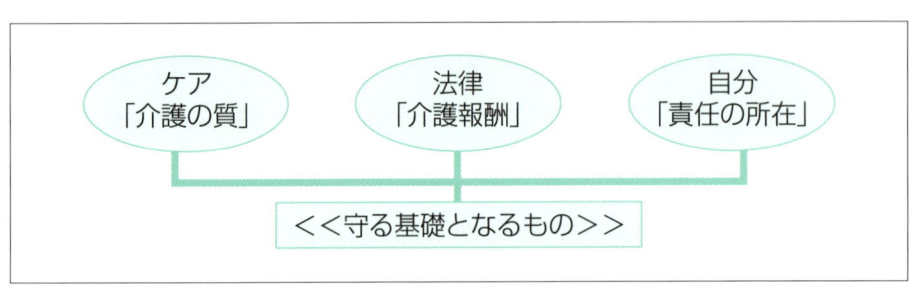

```
   ケア           法律           自分
「介護の質」    「介護報酬」    「責任の所在」
    └──────────────┼──────────────┘
              <<守る基礎となるもの>>
```

図 40 守るとは?

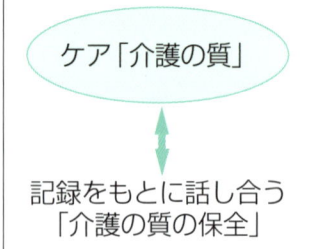

ケア「介護の質」 ↕ 記録をもとに話し合う 「介護の質の保全」	・○○さんが食事介助で,朝食1/3→昼食1/3→(記録を見て)おやつを増やす→夕方の食事介助をがんばろう ・3時間オシッコが出ない→お茶を飲んでもらおう→トイレ誘導をしよう ・夜勤に大暴れする→手をつないで歩く→低いソファに座らせて立ち上がりにくくしてしまった→(夜勤はそんな自分のケアをくやしいと思った)→昼間の過ごしかたから工夫してみよう
法律「介護報酬」 ↕ お年寄りが施設に いるという「証明」	・○○さんがその日その時間に何をしていたのか,施設にいたのか,介護報酬を請求できるのか,の基礎的資料となる ・もし,10月1日〜10月10日までの記録が「白紙」だとする→○○さんが施設にいたという証明ができない→「不在」と判断されてしまう→介護報酬は請求できない ・「楽しそうにテレビを見ていました」「△△さんと大声で話していました」など.「一勤務一人一行」が原則
自分「責任の所在」 ↕ スタッフ自身 「あなたを守る」	・夜勤帯に○○さんが亡くなった.いわゆる死後発見 ・死後発見の場合は警察があなたに尋ねる.「最後にお年寄りを見たのは何時ですか?」→「午前2時です」→「それを証明するものはありますか?」→「○○さんの個人記録です」 ・個人記録はあなたを法的に守る有効な資料となりうる.仮に,裁判で訴えられても証拠となる

Self Reform

●なぜ，記録をつけなければならないのか？　考えたことがありますか？

> ある　　　　　　ない

・記録を書くこと，読むことには，今のあなたにとってどんな意味があると思いますか？
素直な気持ちで書いてみてください．

> 私なんかより
> 上手な人が
> 書けば
> いいんです．

4-5-2　記録を充実することの必要性

- 過去を振り返り，今をみすえ，これからを考える．
- リーダーが文章にして記録しておかなければ，チームとしてのケアを共有することができない．まず，文章化する（＝記録をとる）ことが必要．

図 41　記録を重要でないという人

- お年寄りの笑顔のほうが大切です
- 記録を書く時間があるくらいなら，お年寄りとお話し，ふれあいの時間をもつほうが大切です
- 書いても書かなくても同じです．書く意味がわかりません
- 誰も読んでいません（役立った経験がないのでそう思う）

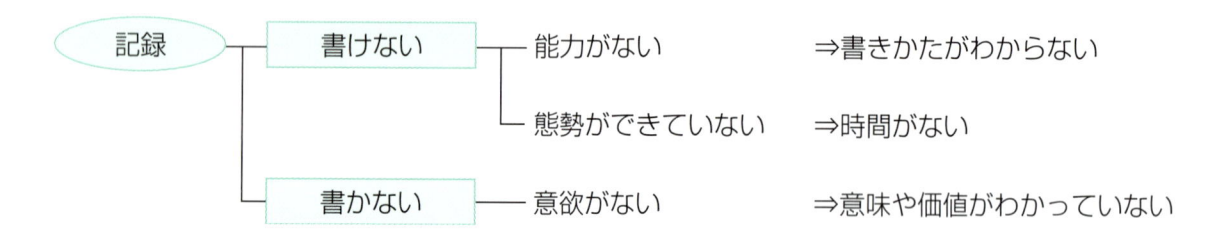

```
記録 ─┬─ 書けない ─┬─ 能力がない        ⇒ 書きかたがわからない
      │            └─ 態勢ができていない  ⇒ 時間がない
      └─ 書かない ─── 意欲がない        ⇒ 意味や価値がわかっていない
```

Self Reform

●あなたはどこまでどんな記録を書くことができますか？

理由	個人記録 （カルテ）	業務日誌	事故報告書	有休届/遅刻届/早退届/服務変更届	その他 企画書/会議開催届/報告書
あなたは記録を書いていますか					
書きかたがわからない					
書く意味がわからない					
書く時間がない					

●あなたのチームはどこまでできていますか？（チェック表）

理由	個人記録 （カルテ）	業務日誌	事故報告書	有休届/遅刻届/早退届/服務変更届	その他 企画書/会議開催届/報告書
書きかたがわからない					
書く意味がわからない					
書く時間がない					

4 就任後1年以内にやるべきこと──記録

図42　個人記録・カルテから何をみるか？

- 自分がやって失敗したことを次の人にさせない
- 自分が気づいたことを明日につなげる

→ 介護がつながる
　介護が面白い

図43　業務日誌から何をみるか？

- 勤務体制を知り，予想する（夜勤はAとBだから，今日の日勤は○○までしなくては）
- フロアで集中すべきことを知る（今日の入浴は新人が多いから，フォローにまわらなければ）

→ チームで行うケアの物語をつくる

図44　事故報告書から何をみるか？

- 自分と同じ思いを他の人にさせたくない
- これは自分だったかもしれない（自分のこととして）

→ 二度と事故は起こさない

図45　有休・遅刻・早退・服務変更の各種届出から何をみるか？

- 勤務表→業務日誌→出勤簿．適切ならば内容は一致している
- やむを得ない事情で変更があれば，それを証明する届出があり，適正に受理されているはず

→ 組織で働くプロのスタッフとしての基本

図46　記録の基本中の基本

- ボールペンで書く（エンピツは不可）
- 修正は二重線で（修正液は不可）
- 重要なもの（命やお金にかかわるもの）には，訂正も含め印を押す
- 一勤務一人一行（空白がないようにする）
- 日付（平成○年○月○日○曜日），時刻（午前か午後か），記録者の氏名を忘れない

Self Reform

●**記録の書きかたの基本中の基本が，あなたにはできていますか？**

基本中の基本	できている ○	できていない ×
ボールペンで書く		
修正は二重線		
重要なものには印を押す		
一勤務一人一行		
日付・時刻・氏名を書く		

● 利用者の記録

4-5-3　ステップ1：利用者の一次情報（顔と名前など）を把握する

① 顔と名前が一致できる
- 名前を知らないお年寄りがいるなんて問題外．
- 居室の位置，その方の好きな場所とも一致させておく．

② 相談員・看護師・リハビリ職・栄養士など他職種の記録をみる
- 相談員→入所するまでの経緯，家族状況など，社会的背景，初回面接（インテーク）の記録．本人・家族の希望は何か．本人・家族の関係はどうか．
- 看護師→病歴，既往歴（過去にどんな病気を経てきたのか？　現在どのような病気を抱えているのか？　どんな医療機関を経てきたのか？）．
　　　　→病気が人生に与える影響は大きい．その本人にとって，その病気はどんな影響をもっているのか．
- リハビリ職→身体状況，精神状況，介助のポイント（何ができる・できない，立つこと・座ること・歩くこと）．
- 栄養士→好み，摂取量，栄養状態（なぜこの人がこのような栄養状態となったのか？），栄養士とお年寄りの関係（好きなものを適切に把握できているか？）．

③ 毎日ラウンドして言葉かけをする
- 何があっても1日1回はラウンドする．お年寄り一人一人に言葉かけをする．
- 役職者は必ず行う．勤務開始前にできればベスト．

④ 相手（お年寄り）も自分も顔見知りになる
- リーダーがお年寄りの顔を覚えること，お年寄りに顔を覚えてもらうことが重要．
- お年寄り同士の人間関係もおおまかに把握しておく．なかよしのおばあちゃんたち，反りのあわないおじいさん，タバコ仲間のお年寄り，など．

Self Reform

● **あなたはお年寄りの顔と名前を一致させることができますか？**

> できる（　　　名くらい）　　　できない

・他職種の記録を日々読んでいますか？

> 読んでいる　　　読んでいない（理由　　　　　　　　　　　　　　）

・毎日，フロアやチームのお年寄りに，1回以上言葉をかけていますか？

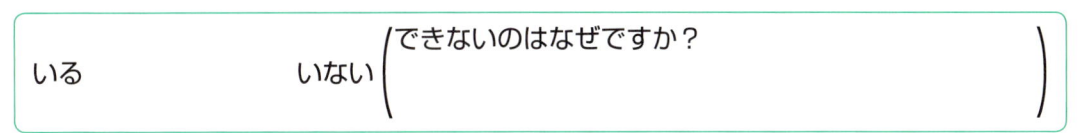

> いる　　　いない（できないのはなぜですか？　　　　　　　　　　）

・お年寄りはあなたの顔と名前を覚えていてくれますか？

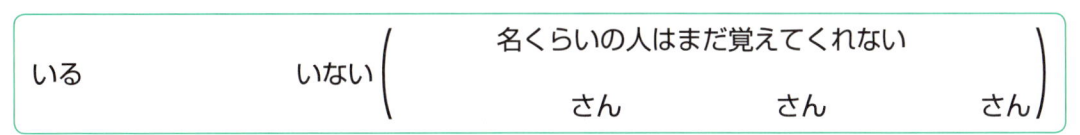

> いる　　　いない（　　　名くらいの人はまだ覚えてくれない
> 　　　　　　　　　　さん　　　さん　　　さん）

毎日初対面
毎日自己紹介

4-5-4　ステップ２：ケアプランのおおまかな方向性が把握できる

① 相談員から直接，家族の意向や家庭環境，入所にいたる経緯などを聞き，把握する
- 相談員と直接話すことが重要（ステップ１で記録を読んだからこそ相談員と話ができる）．
- 今までのクレームや家族の要望なども重点的に聞き，把握する．

② ケアプランを読む，ポイント・トピックス（要点）をおさえておく
- 自分で書けなくても何が書いてあるかは把握する．
- 公文書である「施設サービス計画書」の第１表，第２表には必ず目を通す．
- 理解できなければ作成者（施設ケアマネジャー）に直接聞く．
- 視点は，「なぜこのお年寄りはここにいるのか？」を知ること．

⇒ 参考書式様式 7-2-1，2（140，141頁）

③ サービスプランの作成ができる
- 書きかたや書く時期が適切である．
- 保管整理ができる．
- 自分の言葉で記述できる．
- 専門用語を把握する．
- 人が読むことを前提として記述できる．
- ケアプランは書けなくても，サービスプランは書けるようにする．

⇒ 参考書式様式 7-2-3（142頁）

④ 個人記録が書ける，おおまかに読める
- リーダー自身が書けなければ，スタッフ指導ができない．
- 「このお年寄りはこれこれの理由でここにいるんだ．だからこういうケアを望んでいるんだ」と説明できるようにする．

⇒ 参考書式様式 7-2-4（143頁）

Self Reform

●あなたの大好きなお年寄りお一人の「ケアプラン」第1表，第2表を，ここに書いてください（記入式のもの）．

[注意] 個人情報保護法の観点から実名の扱いについては，各自で配慮してください．

・ケアプラン第1表

のりしろ

・ケアプラン第2表

のりしろ

4-5-5　ステップ3：相談員・ケアマネジャーとの連携のもとケアプラン/サービスプランが実施できる

① **サービスプランの内容を盛り込み，意識した申し送りとする**
- 申し送りのポイント・トピックスが，お年寄りのサービスプランと整合性があるかを確認する．
- 50人，100人のケアプラン/サービスプランを暗記して申し送りで述べるのではない．その日そのときに集中すべきお年寄りや業務を判断する．

② **相談員と実務的な連絡・連携ができる**
- ショートステイの出入りを確実に把握してスムーズに対応する．
- 家族情報（見舞いに来た家族が語ったことから推測される家族心情など）．
- 事故（状況報告が適切であるかどうか）．
- 受診（理由，病院など）．

③ **個人記録のチェックをする，保管綴じ込みをする**
- 他のスタッフが書いたこともチェックする．
- 指摘・修正など指導する．これを通して，スタッフが何を考えてケアをしているのかを把握していく．

⇒ 参考書式様式 7-2-5（145頁）

4-5-6　ステップ4：サービス担当者会議で積極的な発言/提案ができる
- 黙ってうつむいていない会議とする．

① **利用者情報**
- 納得するまで把握する．リーダーが把握しなければスタッフも把握できない．
- 「なぜこのお年寄りはここにいるのか」が説明できるように．

② **受け入れ体制**
- 胃ろうについて勉強したいので，3日間欲しいです．
- お部屋を整備する必要があります．職員を○名出してください．

③ **スタッフの不安**
- スタッフが不安に思っていること（ターミナルケアなど）があれば，リーダーの口から伝える．

④ **ADLチェック**
- ご本人の意向に沿った居室づくり（ポータブルトイレ，手すりなど）．

⑤ **ADL提案**
- 排泄は自立してもらいたいが，入所当初は様子をみる必要もあることから，1週間はオムツを使用し，その後オムツ外しに取り組みます．

Self Reform

●あなたの大好きなお年寄りお一人の「サービスプラン」と，ある日の「個人記録」をここに書いてください．

[注意] 個人情報保護法の観点から実名の扱いについては，各自で配慮してください．

・サービスプラン

のりしろ

・個人記録

のりしろ

● **業務の記録**

ケアのプロとして，集団で，組織で，施設で仕事するための基礎となるもの．

4-5-7　ステップ１：各種届出書（遅刻／早退／有休／欠勤／病欠／服務変更／物品請求）を確認し提出する

- 届出用紙の確認と書きかたの確認．
- 日ごろどこに保管されているのか知っているか？
- リーダー就任後，下記項目についてはひと通りファイリングして保管する．

図47　各種届出の種類（例：鶴舞乃城の場合）

スタッフ個人の勤務関係

①遅刻届	②早退届	③有休/半休届
④欠勤届	⑤病欠届	⑥服務変更届

物品・備品

⑦物品請求届		

各種開催届・報告書

⑧会議開催届	⑨会議報告書	⑩事故報告書
⑪委員会活動届	⑫委員会活動報告書	⑬研修/出張届
⑭研修/出張報告書	⑮企画書（稟議書）	⑯企画報告書

⇒ 参考書式様式 7-2-6（149頁〜）

4-5-8　ステップ２：記録に基づきスタッフ指導ができる

図48　スタッフ指導の基本

- ・用紙はどこにあるのか？
- ・いつ書くのか？
- ・誰に提出するのか？
- ・基本的な書きかた（記入例を赤ペンで示しておく）

① **遅刻・早退の指導**

② **休みのとりかた**

③ **病欠（欠勤）のとりかた**

④ **勤務変更のしかた**

⑤ **物品請求のしかた**

⑥ **会議開催届の出しかた**

Self Reform

●あなたの施設の各種届出（左頁を参考に）をすべて集めてください．

・届出（用紙）が全部ありましたか？

・どこに置いて（保管して）ありましたか？

・それはわかりやすい場所でしたか？

・その届出に，赤ペンで記入例を書き加えてください．

・書きかたはわかりましたか？

・書きかたのわからない届出は，上司や事務に聞くことができますか？

4-5-9　ステップ3：事故報告記録/苦情受付記録/委員会活動報告の各記録が把握できる

① **事故・苦情**
- 口頭ですぐ報告．
- その日のうちに書類作成．
- その日のうちに確認→再作成の指示．
- その日のうちに初期対応．
- 事故報告書を，医師に，家族に，行政に見せられるものかどうか，そして事故防止に役立つものかどうかの視点で書かせる．

② **委員会活動**
- リーダーは，誰が，何を，どのように取り組んでいるかを把握する．
- 委員会活動を読んだうえで，毎日のラウンド，スタッフへの言葉かけをする．言葉かけの内容が違ってくる．

4-5-10　ステップ4：記録の訂正/書きかたの指導/記録保管ができる
- 記録を自分の武器としてうって出ることができる．

① **外出計画や行事計画など大きなプロジェクトの提案・実施・報告ができる**

⇒『看護介護のリーダー論』P94 参考資料-1

② **実地指導の記録を揃えることができる**
- 実地指導のためだけに記録を整えるバカらしさ．認印を溜めて押す無駄．
- 毎日の業務で，ステップ1，2，3ができていれば，実地指導には自信をもって対応できる．
- 究極は実地指導を楽しめるように．

Self Reform

● ここに A さんが書いた事故報告書（一部）があります．リーダーとして修正を加えた部分（色文字）を参考にしてください．

（事故・状況）報告書

提出日　平成　19年　5月　20日

| 部署名 | 介護職（入所） | 氏名 | （印） |

| お客様氏名 | ○○○○様 | 事故発生場所 | 南側廊下 |

発生（見）日時　平成　19年　5月　20日　日曜日　11時　00分

| 事故内容 | 1.転倒・転落　2.誤嚥・誤飲　3.誤薬　4.離設・行方不明　5.盗難・紛失
6.交通事故・違反・車両事故　7.喧嘩・暴力行為（職員・お客様）
8.その他（　　　　　　　　　　　　　　　　　　　　　　） |

発生時のお客様・職員の状況および職員の対応　（いつ・どこで・誰が・どんなふうに・何を・どうしたのか）

（どこで）

5月20日（日）11：00頃　他のご利用者様と○○様と職員で　口腔体操などして

（た）

過している。○○様は車いすに座っておられました。　（どこの）

窓を閉めに　その場を離れ　再び職員が　フロアにもどった時、歩かれている○○様を

（ご）

発見　し　走って　した為　すぐに○○様の所に駆け寄るが　間に合わず　転倒されて

（どこの）

しまう。右左に　たおれ込むように転倒、一番最初に　手をつき　その後、額に　頬を

床にうちつけられる　（何分後くらいに）　その後、誰が誰を呼んで何をしたのか

（誰が）　（どのように）

状況図 / 廊下 / 机 → / 動き ← 本人の位置 / 視野 ← 職員の位置

（窓の場所）

受傷部位　赤くアザになる

（サインもれ）

事故後の医療的な処置　　処置担当者

血圧測定。意識状況の観察。患部（右頬部500円玉大程の打撲跡）のクーリング施行。

痛みは　軽度。頭部症状の観察。

※経過観察のポイント

頭部症状の観察を続行すること。（頭痛・吐気・ふらつきetc）

（誰が，いつまで）

4-6 申し送り

4-6-1 申し送りとは
- 情報収集，情報共有，情報検討の一番ベース（基礎）となる場．
- 介助方法の徹底を前提とした介護の試み．
- その結果を確認し検証できる場．
- 食事，排泄，入浴を中心にトピックス（要点）で．
- 全員のお年寄りの状態をだらだらと話すだけの内容にならないように．

4-6-2 申し送りを行うことの必要性
- 毎日のモニタリングの場

図49　毎日のモニタリングとは？

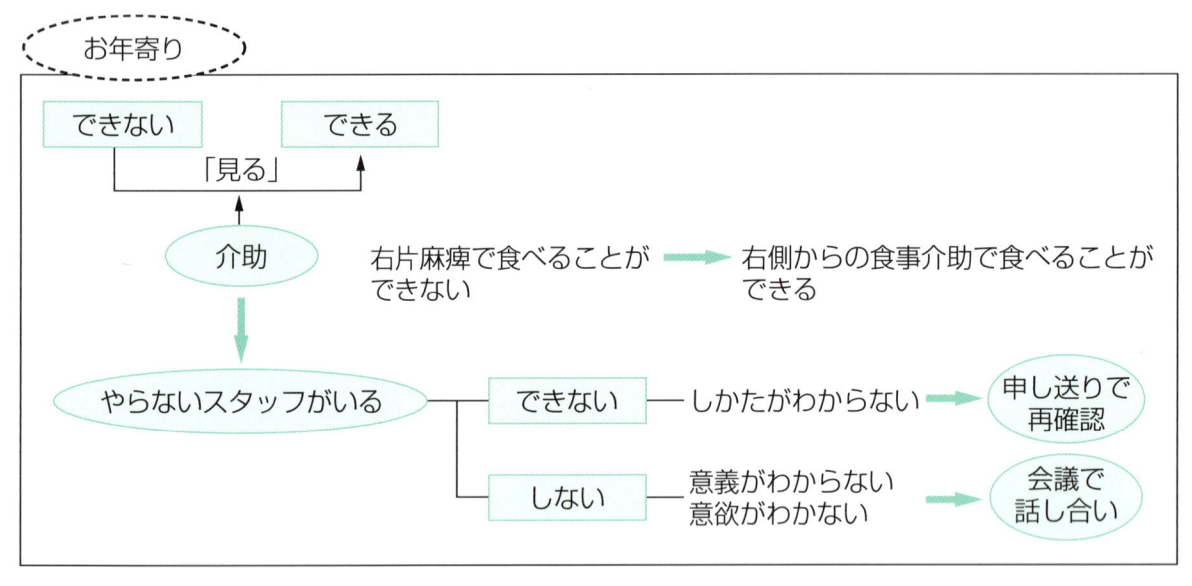

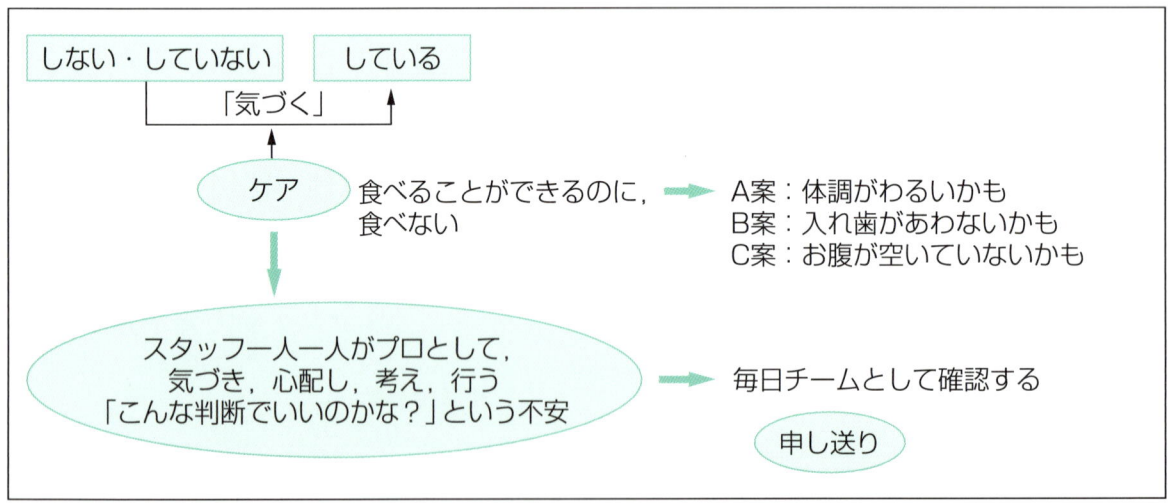

```
         お年寄り

  ┌─ できない        できる ─┐
  │        「見る」         │
  │          ↑            │
  └──→  介助          右片麻痺で食べることが  →  右側からの食事介助で食べることが
          │            できない                  できる
          ↓
     やらないスタッフがいる ─── できない ─── しかたがわからない  →  申し送りで再確認
                          └─ しない ──── 意義がわからない    →  会議で話し合い
                                        意欲がわかない
```

```
  ┌─ しない・していない    している ─┐
  │          「気づく」              │
  │              ↑                 │
  └──→      ケア        食べることができるのに，  →  A案：体調がわるいかも
              │        食べない                    B案：入れ歯があわないかも
              ↓                                   C案：お腹が空いていないかも
     スタッフ一人一人がプロとして，
     気づき，心配し，考え，行う        →  毎日チームとして確認する
     「こんな判断でいいのかな？」という不安
                                          申し送り
```

Self Reform

● あなたのチームやフロアの申し送りはおもしろいですか？ 興味がもてますか？ 真面目に聞こうと思っていても，眠くなりませんか？

おもしろい	眠くならない
おもしろくない	眠くなる

・なぜおもしろくないと思っていますか？ 素直な気持ちを書いてください．

- 何のために何をしているのか何をするのかが，わからなくなりがちな毎日に，その日の集中力を引き出すセレモニー的な要素がある．
- 興味のもてる申し送りの内容であればあるほど，スタッフの業務への集中度も上がる．「よし聞こう」「よしやってやろう」と思う内容にしたいもの．
- 「声は大きく」「ゆっくり話す」「背筋を伸ばす」「顔を上げる」．

図 50　申し送りのわるい例

・声が小さい
・早口である
・言葉づかいがわるい
・ダラダラしている

申し送り
伝わろうが
伝わるまいが
そんなの
関係ねえ．

Self Reform

●今日（もしくは昨日）の朝の申し送りで，リーダーが一番伝えたかったことは何だと思いますか？

```
平成　　年　　月　　日　　時　　分〜　　時　　分
リーダーの伝えたかったこと
```

4-6-3 ステップ1：従来の方法で継続して行う

① 時間の確保
- 時間に無理はないか．全体朝礼などとの兼ね合いはできているか．
- 長くて15分，通常10分．これ以上だらだら話していても要点としては伝わらない．

② スタッフの集合
- 興味関心をもって参加しているか．ケアスタッフだけでなく，相談員や看護師，栄養士，リハビリテーションスタッフなども参加できているか．
- 看護師だけの申し送りなど，業種単独での申し送りはありえない．

図51 申し送りのメンバー

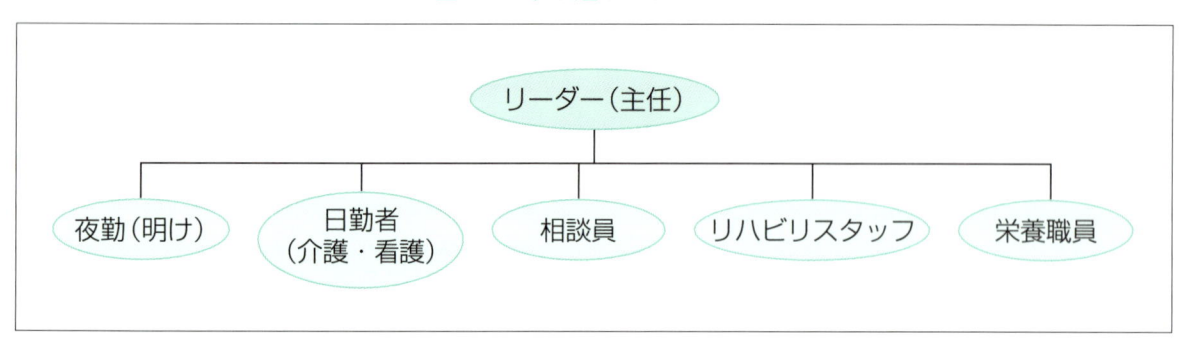

```
              リーダー（主任）
    ┌──────┬──────┬──────┬──────┐
 夜勤（明け） 日勤者      相談員  リハビリスタッフ  栄養職員
         （介護・看護）
```

③ 内容は充実しているか
- 単調になっていないか．食事量や排泄回数をだらだらと報告するだけの申し送りになっていないか．
- おもに，食事，入浴，排泄を中心として報告がされているか？
- すべてのお年寄りを同じように報告することが平等ではない．
- この申し送りにスタッフ自身が興味を示さなければ，その日のケアにも興味がもてないのと同じ．

Self Reform

●あなたの朝のチーム（あるいはフロア）の申し送りは？

- ・時間　　　時　　　分から　　　時　　　分まで

- ・場所　　　階の

- ・メンバー　職種　　　　　　　　　　　員数

●あなたの夕方のチーム（あるいはフロア）の申し送りは？

- ・時間　　　時　　　分から　　　時　　　分まで

- ・場所　　　階の

- ・メンバー　職種　　　　　　　　　　　員数

4-6-4 ステップ２：リーダー自身の情報収集をもとに，スタッフへの確実な伝達ができる

- 申し送りで出た内容を，参加できないスタッフのためにどう伝達していくか？ 内容がその日のケア目標となっているのか？ などリーダーが担当しているチームやお年寄りの情報を，リーダーの発言として明確にわかりやすく残しておく．
- 結果的にこの内容が業務日誌となっていけるよう，書式・伝達方法を検討していく．

① 申し送り白板

- 目でみて，耳で聞いて，紙に残すことができる．スタッフステーションに提示できる．

図52　申し送り白板の例

夜勤者氏名	日勤者氏名	勤務者の動き （ボランティア・実習生を含む）	
食事量チェック者 　夕食 　朝食	食事 ・食べてほしい人 　食事量チェック（昼食）	ショートの注意事項	
^	^	ショート	
体調不良者のバイタルチェック	排泄 ・オムツ外し中の人 　排便，排尿のない人	本日の出入り	明日の出入り
夜勤の特記事項 （時系列表示）	入浴 ・入ってほしい人 ・入浴拒否中の人	・バイタル注目者 ・体調不良者 ・ターミナルステージ	
^	施設全体の申し送り ・避難訓練 ・行事　など	^	
^	継続した申し送り事項	本日の受診者 ・どこの病院 ・いつ ・何のために	

② 申し送りノート

- 現場におけるとりこぼしがないように，内容と結果を書く．
- 3日，1週間単位で見直す．
- 申し送りで徹底し，終了（解決）したものには，×（バツ）印を付ける．
- いつまでも×印がつかないものに対しては，再度，徹底・指導する．
- リーダーがチェックしたものにはサインを入れる．

図53　申し送りノートの例

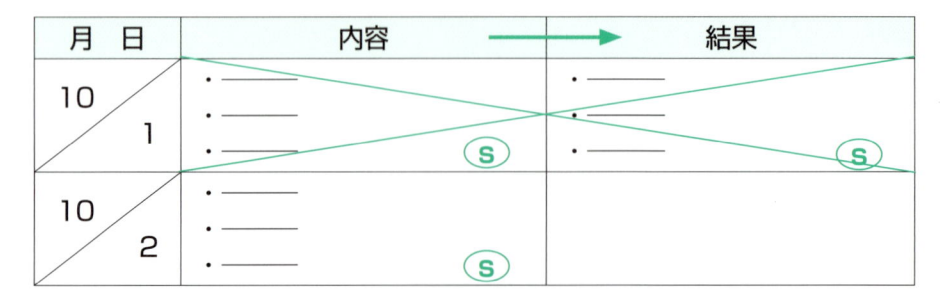

月　日	内容　→	結果
10／1	・＿＿＿ ・＿＿＿ ・＿＿＿　Ⓢ	・＿＿＿　Ⓢ
10／2	・＿＿＿ ・＿＿＿ ・＿＿＿　Ⓢ	

Self Reform

● **申し送り白板の例**（例：鶴舞乃城）

● **申し送りノートの例**（例：鶴舞乃城）

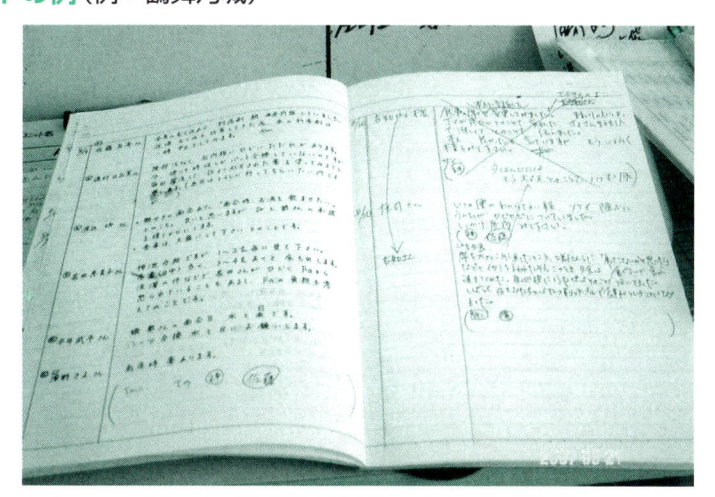

③ 申し送りメモ
- 自分の部署から他の部署へ，全体情報として知っておいてほしいこと，情報の共有．

図54　申し送りメモの例

年　　月　　日（　）	
NS	CW
SW	栄
Dr	PT・OT

④ 口頭での申し送り
- 今日まさに重要なことは，リーダー自身が出勤してきたスタッフに直接口頭で伝え，積極的に言葉をかけること．
- 「聞いてませんでした」というような反論が出そうなスタッフには，特に念入りに．
- 「聞いていても意味がわからない」「伝わらない」スタッフは，「孤独」なんだと考える．
- 話を聞いて，しょげる若いスタッフ，妙に強気になるオバちゃんスタッフに対しては，リーダー自身がもう一回言葉をかけることが重要．

Self Reform

●あなたのチーム（フロア）で，申し送りの内容が伝わりにくいスタッフがいますか？

いない　　　いる（特に誰ですか？　　　　　　　　　　　　　　　　）

・なぜその人たちには伝わりにくいと思いますか？

・あなたやほかのリーダーは，その人たちに伝えようとどんな努力をしていますか？

4-6-5　ステップ３：個別注目ケースや委員会活動などへ，リーダー自身の意見と問いかけができる

①　今日はこんな日にしよう

・行事

> ・今年のひな祭りの実行委員長は田中さんです．田中さんにとっては，はじめて委員長として担当する行事だ．みんなで協力して盛り上げてほしい
> ・この間，ゆっくりお話したときに，ご本人から，「自分にとって今度のひな祭りは，最後のひな祭りだ」といわれた．そのときは笑って，「まだまだよ」と答えましたが，お年寄りは毎年これが最後という気持ちなんですよね

・お年寄り個人

> ・○○さんが少しずつ熱が上がっています．排泄も水分摂取も現在のところ問題ありません．脱水以外の原因があるようです．原因がわかるまで，まずは現場でしっかり観察しましょう

・事故・クレーム

> ・○○さんが転んだ．△△さんからクレームが再度来た．今日もそのお年寄りがいらっしゃる．さあ，今日こそはそんなイヤな思いをさせないようにしたい．とくに食事誘導時の移乗に注意して取り組もう．▽▽くん，大丈夫？
> ・家族と話をして，「できることならこの施設を使いたくなかったけど，家から近いからしかたがなかった」と言われた．こんな情けない状態で利用していただいていいのか？　ここを選んでよかったと思っていただけるように，今回のご利用をチャンスと思ってがんばりましょう

・業務見直し

> ・不平不満を聞いて，会議で話し合って，ひとまず××してみようということになった．言っていることとやっていることが違うことにならないように，今日はその第１日目だ．△△に注意して，ぜひ××に挑戦してみてほしい．まずは今日の早出からよろしくお願いします

・施設からの注意事項

> ・管理側から，清掃が不十分と指導を受けた．くやしいかもしれないけれど，介護は見たままが結果だから，まず今日は居室から掃除しよう

Self Reform

●あなたの施設は，今日の夕方から夏祭りです．それをふまえて，朝の申し送りで伝えたいことを書いてください．

② 今日はこの人に集中してみよう
- サービスプランをもとにスタッフの集中度を高め，サービスプランの検証や効果の有無などをお年寄りを根拠に説明する．

> ○○さんは食べこぼしが多いので，昨日より車いすからいすに移って食べていただくようにしました
> 今のところ，朝食までずいぶん食べこぼしが減っているようです．しかし，手の位置・食器の位置はどこが一番いいのか，まだわかりません．今日は，手と食器の位置をよく見てセットしてください．皆がしっかり見守ると，きっと，もっと食べこぼしが少なくなりますよ

③ 今日はこのこと（業務）に挑戦してみよう
- 業務改善．

> 先日話し合った食事誘導の方法ですが，とにかく「一度に多勢を連れてこない」でしたね．まずは食堂一番のりが大好きな○○さんからお連れしてください．ゆっくりとおだやかな誘導で，利用者さんをびっくりさせてしまいましょう

4-6-6　ステップ4：当日業務のポイントをトピックスとして伝えられる

- 申し送りの優劣はプレゼンテーション能力にある．内容も重要だが，いかにスタッフが興味を示すかの話術にかかっているといってもよい．
- 声の大きさ，言葉づかい，間合い，などによって誠実性・正確性を示せるか？
- 自分は他人にどういう印象を与えるのか？　リーダー自身が知っておく．

① 業務に勢いと流れをつける

> さあ，今日は人が少ないよ．だからこそ互いにしっかり言葉をかけあって，確実にやっていこう．あせることはない，少ないけれどこのメンバーなら，きっとなんとかなるよ

② スタッフから主体的に取り組む介護内容・サービスプランを示す

> 新人の△△が，○○さんのために，はじめて外出を企画しました．やっとご家族や担当医の許可もとれて，お天気は晴です．先輩たちが外出前の体調を確認して，元気よく二人を送り出してあげてください

Self Reform

●あなたの施設には，申し送りが上手だなあと思うリーダー，上司，スタッフがいますか？

いる（それは誰ですか？　　　　　　　　　　　　　　　）　いない

・なぜ上手いなあと感じますか？

4-7 スタッフ面接

4-7-1 スタッフ面接とは
- 一人のスタッフのために時間と場所を確保して,明らかな意思疎通の場をつくる.
- 普段は1対1で話すことがない.あらためて場をセッティングすることで,スタッフの意外な一面がわかり,「こんなことを考えているんだ」という情報を得ることができる.

4-7-2 スタッフ面接を実施することの必要性
- 意思疎通の充実.特に,人事,給与,待遇については,不満が本人から直接ではなく別のところから聞こえてくることがないように,意思疎通を図ること.
- またリーダーがスタッフ一人のために時間をとるという行為自体が重要.「わたしのことをきちんと考えてくれている」「見ていてくれる」というスタッフの安心感ともなる.
- ケアする人をケアするのはリーダーなのです.

4-7-3 ステップ1:リーダーとしてスタッフ一人一人と初回面接を行う
- 面接には上手い,下手がある.
- 上手いは「自分の話したいことが,話したいように話せて,思いや考えが共有できる」,下手は「こちらが一方的に話し,相手の気持ちが得られない」.
- 特に,下記の点に注意して面接にのぞむこと.
- たった1回の面接では結果が出ないことを知る.結果の出ない面接があることを知ったうえで,「面接した」こと自体が意味をもつことを知る.
- 沈黙に耐えないといけない面接もある.沈黙に負けない.
- 職員の言葉の一つ一つに反応するのではなく,対応する気持ちでのぞむ.

図55 面接のポイント

リーダーの介護観をもつ	・スタッフの日頃を観察しながら,そのスタッフの介護観を推測する ・その介護観は否定しない.しないながらも,リーダーの介護観を伝え,共感の接点をさぐる ・相手の介護観は尊重するものの,納得できないものなら引きずり込まれないようにする
タイミング	・スタッフ一斉にするのではなく,日頃の言動を見ながらタイミングをはかる ・不満をもっていそう,体調を崩していそう,など
面接前に態度を固める	・そのスタッフの聞き役に徹するのか,反省させるのかなど,面接の前にその面接の終わりかた(様子・態度)をイメージしておく

Self Reform

●あなたは自分の上司と1対1で面接（面談）したことがありますか？

ある（そのときのテーマは？　　　　　　　　　　　　　　　　）　ない

●あなたがリーダーとして，ほかのスタッフと1対1で面接（面談）したことがありますか？

ある（そのときのテーマは？　　　　　　　　　　　　　　　　）　ない

面談はじめてから施設の雰囲気が変わる。

図56　スタッフのタイプと対応のポイント

	スタッフのタイプ	対応のポイント
A	「ハイハイ，わかりました」と，何でもすぐうなずく人	・自分側の〇〇したいという考えを話しつつ，少し相手に話を振りながら，「ハイハイ」という返事以外のコミュニケーションを引き出す
B	淡々と業務を行い，失敗なくこなす人（熱くはならない）	・リーダー自身が介護の意味・価値を照れずに熱く語る
C	経験のアツイおばちゃん	・相手の経験を頼りにしていることを前面に押し出す
D	「やりたいんです」「わかっています」「でも時間がありません」とチャキチャキしているが実質行動がともなわない人	・がんばっているのはわかっていると具体的な場面を出し，なのに残念なことにこれができていないと具体的に示す
E	まったくやる気がない人（出勤しているだけでもエライだろうというような態度）	・ガミガミ，クドクド言わない．ひと通り大切なことを伝える．ときに，沈黙が続くことがあるが，その沈黙に耐える

- 面接の内容としては下記のとおり．

① リーダーがどんな介護をしたいのか語る

> わたしはね，介護はやはり大変だと思うのね．大変だけど，一緒に働く仲間同士が，「お互いさま」とか「ありがとう」の気持ちがあれば，体はしんどくても心は元気だよね．体はつかれても，心まではつかれきってしまわない，そんな介護をわたしはみんなとしていきたいんだ

② 現在の疑問を聞く

> そんな介護が，うちのフロアでできていると思う？
> できていないのなら，何が足りないのかなあ
> あなた自身は，何が一番足りないと思う？

③ 対応できることは対応する

> そうだね，お互いの言葉かけが，やっぱり足りないんだよね
> 言葉かけしたくないほど，職員は仲がわるいの？
> 言葉かけしたくても，言葉かけのタイミングや仕方がわからないのかな？
> よし，わかった．そのことを来週のフロア会議で話し合ってみましょう

- ステップ1を通して，「このリーダーは自分のことを少なからず気にかけてくれている」「自分の思ったことが発言できる場がある」「リーダーに伝えれば何らかの対応をしてもらえる」という，スタッフへの安心感を与えることが重要．

Self Reform

●夜勤の記録をあまり書かないスタッフがいます．このスタッフは最近なんだか元気がなく，ほかの仲間との会話も少ないようです．あなたはどのように言葉をかけますか？

・彼（彼女）から，「何のために記録するのかわかりません」「どうせ書いても，誰も見ていないし」と言われてしまいました．どう対応しますか？

・面接のあと，彼（彼女）をフォローしていくために，あなたなら何をどうしますか？

4-7-4　ステップ2：スタッフ一人一人の希望が把握できる

① 不平不満を知る

> 今，仕事をしていて，やりにくいこと，困っていることはないですか？　お年寄りのことでも，働く仲間のこと，勤務のことでも，何でもいいんだよ．あなたが思っていることは，きっとみんなの思いだから，聴かせてもらえるかな

② 不安を知る

> 今，仕事をしていて，心配なことやわからないことはないですか？　自分の体調や家族のこと，これからの仕事のことでも，何でもいいんだよ．何だか一人で考え込んでいるようにみえるよ

③ 希望を把握する

> ここの勤務も○か月目になるね．お年寄りがみえてきて，職員ともずいぶん話せるようになりましたね．今，あらためてやってみたいなとか，興味のあることはありますか？　今からきっと伸びていくんだよ，あなたは

- ステップ2を通して，「一人で悩んでいなくていいんだ」「リーダーは頼りになる」「自分のやりたいことがここではできるかもしれない」と期待感をもってもらうことが重要．

4-7-5　ステップ3：各スタッフの下期目標の確認ができる

① 目標の提案

② 一緒に作成

③ 再確認

4-7-6　ステップ4：今年度の反省と次年度の目標が設定できる

① この1年何をしたか

② 現在何をしているか

③ 今後何をしたいか

④ それぞれを把握し，委員会活動に向いているか，リーダー候補かの当たりをつけていく

Self Reform

●リーダーに就任して1年が経ちました．もういちど4, 5頁の一覧表を振り返り，あなたはどこまでできるようになりましたか？

・できるところは○，できないところは×を書いてチェックしてください．

	1 業務	2 会議	3 勤務表	4 就業規則	5 記録 個人	5 記録 業務	6 申し送り	7 面接
ステップ 1								
2								
3								
4								

5 就任後2, 3年以内にやるべきこと

5-1 大まかな目標

① 会議の確立→何のために話し合うのか

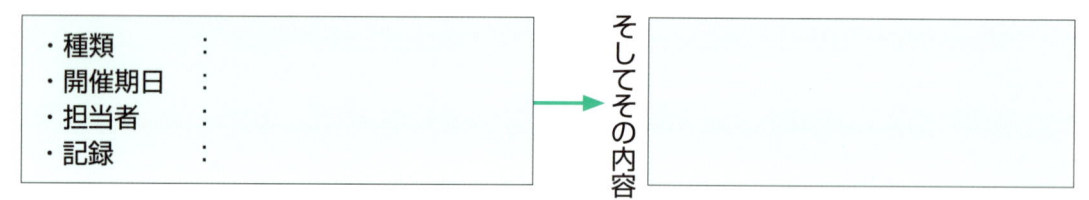

| ・種類　　　： |
| ・開催期日　： |
| ・担当者　　： |
| ・記録　　　： |

→ そしてその内容

② 書式の確立→何のために書くのか

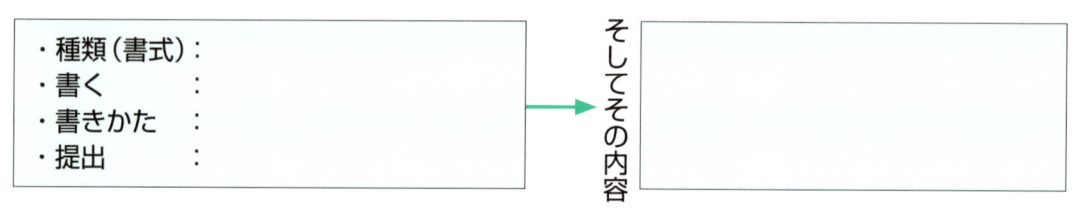

| ・種類（書式）： |
| ・書く　　　： |
| ・書きかた　： |
| ・提出　　　： |

→ そしてその内容

③ リーダーの役割→何をもってリーダーとするのか
- まずなる，まずやる，とにかくやり続ける．

5-2 スケジュール

① 1年目→夢を語る，実現へ手順確立
- 前任者と同じようにできる．
- 見よう見まねで一所懸命やった．

② 2年目→固定化
- 失敗したことだけは繰り返さない．
- 引き継ぎ，繰り返し→申し送り，話し合い．

③ 3年目→積極的な業務改善
- あなたが提案したことの実践．一つ一つということを忘れない．理念や思いばかりが先行しない．
- リーダーは最低3年間はがんばる．

Self Reform

● **あなた自身の反省として，ほかのスタッフに語ってみてください．**

・この1年間何をしてきましたか？

・現在，何に興味をもっていますか？　何に取り組んでいますか？

・来年は何をしていきたいですか？

6 それでも何をしたらよいか わからないリーダーへ

6-1　挨拶を変える

- これからあなたがする挨拶は、一般職員のそれとは違ってきます．
- たとえば，あなたが挨拶をおろそかにすれば，あなたのチームはおろそかにみなされます．
- あなたは背中にお年寄りと部下をしょって挨拶している気持ちで，これから自分の挨拶を大切にして下さい．

6-2　勤務表をちゃんと作ろう

- 勤務表はお年寄りと職員が作り出す生活の時空間の基盤です．
- 毎月の勤務表は，わたしは「こんな介護をやり通したい」というリーダーの毎月の所信表明と思って，しっかり作成しよう．
- 作る機会がなければ，今の勤務表をそういう思いで読みとってもらいたい．

6-3　会議に参加しよう

- 会議の種類と各目的を知ろう．
- しっかり自分の部署の課題をもって参加しよう．
- 結果を現場に伝えよう．
- いずれちゃんと発言できるようになろう．

6-4　クレーム対応には誰よりも先に，誰よりも熱心に取り組もう

- まずは，正しい情報を集める．双方の意見を必ず聴く．どうしていいのかわからない不安ならば，他のリーダーや上司に相談して一人で抱え込まない．そして自分の事として最後まで見届ける姿勢を 忘れない．

Self Reform

● あなたが明日から一番取り組みたいことは何ですか？

6 それでも何をしたらよいかわからないリーダーへ

6-5　入職・退職に関わる，立ち会う，確認する

- 入職や退職は法人が最終決定します．そのシステムを遂行する正しい手順を知り，その手順を守る．
- ただし，心構えとして，「自分の部下は自分が雇う，自分が（いわゆる）クビを切る」ぐらいの緊張感をもって下さい．

6-6　上司報告のしかたを体得しよう

- 「人が辞めます．どうにかしてください」これは一般職員が言うことです．
- リーダーは現況を正しく報告し，それの何が問題なのかを指摘し，そのための対応案を複数示してください．
- 「雇ってください」というのではなく，「現場が○○な状態なので，夜勤のできる人をあと2名雇ってください」「時間がかかるのであれば，期間限定でもかまわないので，日勤パートを4名追加してください」など，具体的に．
- そして自分はこれがいいと思うという腹案をもって，意見具申するのがリーダーの上司報告です．A案，B案，C案が考えられるなかで，自分はB案にしたいと考えてから上司に報告する．

6-7　他部署を知る

- どんな部署があるのか知りましょう．
- そこでどんな仕事をしているのか，自分から知ろうとする態度をもちましょう．

Self Reform

● あなたは1年後，無事にリーダーとして勤務できたとします．自分をどうやって誉めますか？　自分にご褒美をあげるとしたら，何が欲しいですか？　何をしたいですか？

7 資料編

7-1 実話編

- 7-1-1 ナツさんのターミナルケア
- 7-1-2 個別の認知症にあわせた業務の変更（上岡さんのケース）
- 7-1-3 認知症棟の「私物戻し」と「カギ開け」
- 7-1-4 スタッフが足りない！ 辞めていく新人が多い！
- 7-1-5 佐藤さんのターミナルケア（医師との対立のなかで……）
- 7-1-6 非常に強い帰宅願望の認知症のお年寄り（花子さんのケース）
- 7-1-7 新人担当者をいかしたサービスプランの作成（山本さんのケース）
- 7-1-8 どんなお年寄りでも受け入れる覚悟（仲田さんのケース）
- 7-1-9 藤田さんの床ずれ
- 7-1-10 クレームとリーダーの日勤張りつき（ショートステイの対応）
- 7-1-11 皮膚病の持田さんと実習生の田中くん（組み合わせの大切さ）
- 7-1-12 トイレの近い鈴木さんと新人の山下さん（組み合わせの大切さ）

7-2 参考書式様式

- 7-2-1 ケアプラン（施設サービス計画書1）第1表
- 7-2-2 ケアプラン（施設サービス計画書2）第2表
- 7-2-3 ケアプラン（週間サービス計画表）第3表
- 7-2-4 サービスプラン（看護介護計画書）タイプA　タイプB
- 7-2-5 個人記録（例：鶴舞乃城）
- 7-2-6 各種記録・届出様式（例：鶴舞乃城）
  ①休日勤務届　②遅刻・早退・外出・欠勤・特休届　③時間外勤務届　④服務変更届　⑤物品請求届　⑥会議開催届　⑦会議報告書　⑧事故報告書　⑨研修出張届　⑩研修出張報告書　⑪企画書（稟議書）　⑫企画報告書

実話編 7-1-1

ナツさんのターミナルケア

　ナツさんはわたしにとって，入浴・食事・排泄の大切さを教えてくれた大切なお年寄りでした．介護老人保健施設ききょうの郷（静岡県）が一人浴（個浴）を導入するときに，3階の「大好きなお年寄り」に選ばれ，はじめて特浴から一人浴に取り組んだお年寄りでもあるのです．

　そんなナツさんが，だんだん食事が飲み込めなくなり，起きているのも大変になってきました．ごはんはベッド上でナツさんの食べやすい姿勢をPT，OT，STと考えました．入浴も体力が日に日に衰え，入ることができなくなっていきました．

　そんなとき，ナースの間では「歳も歳だし，やはり……」という声が聞かれるようになりました．体力が衰えるにしたがって「病院へ入院を薦めたほうが……」という声も聞かれるようになりました．

　相談員と家族面談が行われました．ナツさんのご家族は入院を選ばず，このままききょうの郷の3階で過ごしたいと言ってくれました．

　相談員から面談報告を受け，リーダーであったわたしは，3階を選んでくれたことは嬉しいけれど，でも，どうスタッフに説明し納得してもらえればいいのか・・・とても不安でした．

　当時ナースは，3階でターミナルケアを引き受けることに反対していました．もちろんそのときまで十分なターミナルケアはこの施設では行われておらず，病院へ入院してもらう措置をとっていました．反対するナースの意見としては，「ここ（ききょうの郷）は施設であって，病院ではないから」というものでした．

　わたし個人の気持ちとしては，家族の気持ちを実現したいということのほかに，自分にとっての大切なナツさんをしっかり最期まで看たいと思っていました．

　そのためには，スタッフみんなにご家族の気持ちを伝え，何よりもわたしの気持ちをわかってもらわなければならないと考え，「話し合い」をもちました．

　はじめスタッフは，「看たいという気持ちはわかるが，不安だし無理だ」という意見が大半でした．そこで，もう少し具体的に「何が不安で無理なのか」を一つ一つ出し合い，対応を考えていきました．そうやって考えていくうちに3階のスタッフの気持ちが一つになって，「ナツさんを最期まで看るんだ」という気持ちが固まっていったように感じました．

　しかし，介護スタッフの気持ちが一つになってもナースたちの気持ちは定まっておらず，「本当にこのナースたちは協力してくれるのか？」という不安を抱えていました．ナースからは，「2階は夜勤帯にナースが常駐しているから2階に移動するなら看てもいい」という妥協案が出されました．ご家族は「過ごしなれた3階で，顔見知りがいるところで」という理由で3階を選んでくれたのに，なぜナースはこんな妥協案を出すのか不満でしたし，ナースはまだわかっていないんだという反感も覚えました．

　そんな中，一人のナースが，「3階でも看れるよ」と言ってくれました．谷村さんでした．谷村さんの一言がきっかけとなり，ほかのナースもやや協力的となったことで，3階のスタッフ全員に「しっかりナツさんを看ていくんだ」という覚悟ができました．

ナツさんのご家族と何度も話し合い，状態に合わせた対応を決めていきました．スタッフも業務全体について考えたり，ナースにナツさんの状態確認のポイントを教えてもらったりしながら，日々変化するナツさんへのケアを考えました．
　　3階でのナツさんの居場所を作りました．いつもみんなの声が聞こえ，輪の中にいる空間を作りました．何時でも傍らにスタッフがいるようにし，ナツさんを一人にさせないようにしました．同じフロアのお年寄りもお見舞いに寄ってくれたり，ご家族も施設に泊まるようになり，スタッフだけでなくフロア全体，家族の方みんなでナツさんを看ました．ナツさんの昔話をたくさんご家族から聞き，本当のナツさんがやっとわかったような気がしました．

　　ナツさんとの別れがきました．
　　わたしは自宅で連絡を受け，ききょうの郷へ駆けつけました．宿泊していたご家族（娘さん）は立ち会うことができましたが，ナツさんが認知症を患ってから介護をしていたお嫁さんは立ち会うことができませんでした．
　　このときは3階のスタッフ全員が駆けつけました．
　　みんなナツさんの前で泣いていました．
　　ナースの谷村さんが，「ナツさんをきれいにするから，一緒にやるよ」と言葉をかけてくれました．「最期までナツさんを看るんだよ」と言われている気がしました．スタッフとご家族みんなで行いました．
　　そして最後は，ききょうの郷の玄関までみんなで送りました．

　　ナツさんを最期までケアさせていただき，いろいろなことを学んだと思います．そのなかで，「介護と看護が一つになればターミナルケアはわたしたちでもできるんだ」という確信を得ることができました．

実話編 7-1-2

個別の認知症にあわせた業務の変更（上岡さんのケース）

　上岡さんという方が3階に入所されました．
　入所当初は，窓やエレベーターなどすべての出入り口にカギがかかっており，自由に出入りできない3階にいつも怒っていて，エレベーターの前で暴れてしまう日々が続きました．
　スタッフは上岡さんと毎日戦っているような気持ちで接していました．「どうしてこんなに上岡さんは暴れるのか」をみんなで考えました．

　3階には，人らしい生活をする空間が何もないことが改めてわかりました．私物は全部預かってしまい，カギというカギはすべて施錠され，3階は幽閉されていました．

　上岡さんがどうしたら落ち着くのか考えました．
　上岡さんの話を聴き，一つ一つ対応していきました．居室の雰囲気をつくり，私物も置き，本人の生活しやすい空間をつくりました．今までは施錠されていたカギも，日中は開けられました．
　その途端，上岡さんは何度も窓のカギを開けて外へ出てしまうようになりました．ベランダについている非常用スロープを伝って降りてしまい，施設の外へ出てしまうことが度々となりました．
　3階のスタッフ間では，「確認をしっかりしよう」と毎日申し送られていました．

　とうとう本当に上岡さんが遠くへ外出してしまいました．
　最終確認は朝の7時．スタッフが気づいたのは朝の8時．すでに1時間も経っていました．施設のスタッフ全員での捜索が始まりました．

　警察から発見の連絡がきたのは午後になってからでした．上岡さんを迎えに行きながら，まずは無事でよかったと思いました．

　この事件後，3階のスタッフで話し合い，勤務時間を変更するなどして，上岡さんを本当にしっかりと見ていこうということになりました．今までは「見ているつもり」で「本当の上岡さんの気持ちをみていなかった」のだと感じました．
　上岡さんにスタッフみんなが真剣に向き合うことで，いろいろ話をしてくれるようになりました．
　行きたいところを予め言ってくれたり，欲しいもの食べたいものを自分からスタッフに言ってくれるのです．
　また，スタッフも上岡さんのチョットした会話の雰囲気や行動の違いで，上岡さんが何をしたいのか，どう思っているのかがわかるようになってきました．これは具体的に言いにくいことで

すが，スタッフがお年寄りをしっかり見ていこうという気持ちになり，真剣に向き合うときにあるとき，ふっと「わかる」ような気がします．

そんな上岡さんと過ごしていくうちに，自分たちで業務を変え，上岡さんの対応をいれた業務へと変っていきました．

一緒に買物へ行ったり，急な外出に付き合ったり，一人のお年寄りに合わせ，そのときどきで業務を変えていくことができるようになっていきました．

実話編 7-1-3

認知症棟の「私物戻し」と「カギ開け」

　ききょうの郷の3階では，認知症の方40名が生活しています．
　開設当初から認知症のいわゆる問題行動（BPSD）の防止のためか，居室には私物を置かせず，衣服なども全部預かりとなっていました．また，窓のカギは年中施錠され，気候のよいときでも窓を開けて風を通す，外の空気を吸うということはまったくできない状況でした．エレベーターもロックされていたため，お年寄りが自分では操作できないようになっていました．

　3階のお年寄りは，いつも自分の物のないなかで生活されており，ききょうの郷に入職したばかりの頃は，「認知症なんだからこれが当たり前だ」と思ってはいたものの，「何かおかしい」と感じ始めるようになっていました．しかし，自分では「どうしたらよいか」わかりませんでした．
　わたしがリーダーになって，お年寄りに少しでも過ごしやすくしていただくために「私物を戻し」，もっと生き生きとされるよう気持ちのよい空気を感じられる「カギを開ける」ことが必要ではないかとの提案が，介護アドバイザーの髙口さんや青山さんからありました．

　わたしは「うれしい」と思いつつも，反面「とまどい」もありました．上岡さんという強い外出希望の認知症のお年寄りがいること，いままでやったことのない，経験したことのないことをしたときに，どんな問題が出てくるのかわからず，お年寄りをしっかりとみられるのか不安がありました．
　しかし，せっかく「チャンス」をもらったのだから，このチャンスを活かし，しっかりと3階を変えていかなければと思いました．

　会議の結果は，賛成するスタッフと反対するスタッフは半分半分でした．
　・窓のカギを開けたら外へ出ていってしまう方がいるかもしれない
　・事故が起きるかもしれない
　・全部の窓のカギを開けたら，気になってしまい，お年寄りをしっかりとみていられないかもしれない
など，「かもしれない」という不安がスタッフから出てきました．
　特に一人の先輩介護職からは，強力に反対が出されました．ききょうの郷に開設当初から勤務されていた先輩なので，この人に反対されるとわたし自身も自信がなくなってしまうほどの人でした．

　しかしやっぱり，「これはチャンスだ」というわたし自身の気持ちが強く，3階のスタッフだけでなく，相談員や部長も含めた施設のスタッフ全員で，「私物戻し」と「カギ開け」が行われました．施設行事のような雰囲気と勢いで有無を言わせずやってしまったという感じでした．

作業終了後,ふたたびみんなで話し合いをもちました.
　自分たちで今後どういうケアをしていきたいのか,しっかり話し合いました.
　カギ開けを終わった後でも,カギ開けについて不安・無理との声が聞かれました.わたしの心のなかで,「本当にできるかな」という揺れる気持ちがありましたが,お年寄りや3階を「生活の場」に変えていきたいという気持ちは揺るがなかったので,スタッフみんなにわたしの気持ちを伝えました.
　「3階のお年寄りが落ち着いて生活できる場にしたい」
　「不安もあるけれどスタッフみんなと一つ一つ対処していけばできる気がする」
　「みんなと3階を変えていきたい」
と言いました.
　そして,窓のカギを部長へ渡しに行き,「もう3階にはカギをかけません」と宣言しました.

　このときは勢いと想いで「カギ開け」をすすめてしまったのですが,強く反対するスタッフは,まだ納得していませんでした.
　再度みんなで話し合いをし,「窓開けについてのルール」を決めていきました.この話し合いで気づいたのは,反対していた先輩が実は大きな勘違いをしていたことでした.この先輩は「カギ開け」を「常にカギを開けておく」「常に窓を開けておく」ということと勘違いしており,不安を感じていたようです.
　「窓開けについてのルール」
　・午前中にリーダーが開ける
　・開けた場合は,網戸を必ずする(網戸が開いていたらお年寄りが外へ出た可能性があると判断する)
　・戸締りは確認する
　このルールがスタッフに定着するまで,同じような問題が起きましたが,根気よく対応していきました.

　窓を開けることによって,お年寄りの行動がよく見え,それぞれのお年寄りへの対応を話し合いで決めていきました.お年寄りの行動を見ながら,「窓開けについてのルール」が決まっていきました.
　窓を開けるだけで,いままで認知症のお年寄りをひとくくりにケアをしていたのが,こんなにいろいろな行動や個性があることに気づかされました.

　その後,ご家族の方にお願いし,お年寄りの私物や大切にしていた物などを持ってきてもらい,その人らしい空間づくりを行っていきました.

　窓を開けることでお年寄りがいろいろな行動を起すようになり,それが問題となることも多くなりましたが,その都度スタッフみんなで話し合い,対応を考え,業務を変えていく,というケアの流れができるようになり,本当に「カギ開け」を実行してよかったなあと感じています.

実話編 7-1-4

スタッフが足りない！ 辞めていく新人が多い！

　わたしがリーダーになって，3階はスタッフが足りないからといって新しい人を入れても，すぐ辞めてしまうという時期が続きました．
　どうして人がすぐ辞めてしまうのか，自分でもわかりませんでした．
　自分がリーダーとして力不足だから新人が辞めてしまうんだ，と苦しんだ時期もありました．
　今までいるスタッフが新人をうまく受け入れられず，指導できない現実もありました．認知症のお年寄りの行動にびっくりして辞めていく人もいました．また「自分の思っていた介護と違う」といって辞めていく人もいました．
　入っても辞めてしまうという現実は止められず，人が足りない状況が続きました．

　なぜ辞めるのかを考えるよりも，「毎日の業務」があります．
　そこで，毎朝1日の業務を考え，いつどんなときに何人スタッフが足りないのかを書き出し，朝礼で他部署に応援を頼みました．他部署（リハビリテーション・相談・栄養など）は基本的な介護はできるので，主に，食事と排泄に入ってもらい，リハビリテーションには入浴業務も手伝ってもらいました．
　勤務表を作り，不足が早目にわかっているときには，各部署をまわり，協力をお願いしました．
　なによりもお年寄りに迷惑をかけないように業務を組み立てていきました．

　スタッフと，どうして「人が辞めていくのか」を話し合いました．
　指導ができていないことや認知症のいわゆる問題行動（BPSD）を説明できないことのほかに，「しっかり仲間として受け入れようとしていない」ことが大きな原因ではないかという意見が出ました．

　各部署に応援をしてもらいながら，業務の体制をつくり，新人が辞めることのないように，仲間として受け入れ，お年寄りのこと，ききょうの郷のケアのことを伝えて新しいスタッフにできるかぎり関わることで，だんだんとスタッフが長く続くようになっていきました．

　リーダーはお年寄りやフロアだけでなく，スタッフ一人一人にも関わっていかなければならないんだと実感しました．

実話編 7-1-5

佐藤さんのターミナルケア（医師との対立のなかで……）

　佐藤さんは日に日に状態が変化し，常に酸素を吸入しながらの生活となり，居室には大きな酸素器具が持ち込まれ，モニターが付けられました．

　ナースはケアスタッフに酸素の減りかたの見かたを教え，モニターの見かたも教えてくれました．

　ご家族にも「このまま ききょうの郷で看てくださるのであれば，看ていただきたい」と言っていただきました．

　すでに，ナツさんのターミナルケアで，ある程度「看れる」という自信のあったわたしたちは，佐藤さんもききょうの郷の3階で看たいと考えていました．

　しかし，当時の施設長であった先生（医師）は，「ききょうの郷でターミナルは看ない」と言われ，指示を出してもらえず，また，佐藤さんの様子も看にきてくれなくなりました．

　ナースは何度も先生のところに行き，話をしました．

　先生は絶対に話を受け入れてくれませんでした．ケアスタッフの話も聴いてくれませんでした．

　それでもナースは一丸となって，先生に反対されながらも佐藤さんを看てくれました．

　しかし，この様子を見て感じたご家族のほうから，「これ以上ききょうの郷に迷惑はかけられない」といわれ，病院へ移ることになりました．

　その後，佐藤さんは亡くなられました．

　スタッフはみんな佐藤さんのターミナルケアを看たかった．しかしリーダーとして先生を説得できなかった．先生にわかってもらえなかった．

　自分たちのやりたいケアをするためには，日頃からケアの考えかたを他部署にも伝え，関係をつくり上げていき，そのときがきたときに協力してもらえるような関係をつくっておかなければと思いました．

　わたしと先生は，ほとんど話もしたことがないほど関係が薄い状態でした．

実話編 7-1-6

非常に強い帰宅願望の認知症のお年寄り（花子さんのケース）

1 花子さんの入所受け入れ

わたしがリーダーになって2年が経ち，リーダーとしても慣れてきたかなあと感じ始めたころ，非常に強い帰宅願望の認知症がある花子さんが入所されました．

入所後，施設に慣れず，毎日，「いつ家に帰れるの？」「家に帰るんだから！」とスタッフに繰り返したり，「帰る」と言っては荷物全部を紙袋にまとめ，エレベーター前のソファに座って「帰る，帰る」と言われていました．スタッフが必ず一人花子さんについていて毎日を過ごしました．特に入所当初は，「今日は泊まっていくよ．明日は帰るからね」といってくれるまで，夜中まで一緒にいることもありました．

この花子さんがききょうの郷の3階に慣れるまで，つまり「帰る」と言わなくなるまで，落ち着かないときは必ずスタッフが一緒にいようという体制が自然にできました．

落ち着かない様子が出てきたらすぐスタッフの一人が付き，他の人は業務をフォローするという流れもできていきました．

スタッフと花子さんが1対1で接することにより，まずスタッフが花子さんのことを知り，花子さんも心ならずも一緒にいるスタッフに対し心を開いてくれました．3か月ほどかかりました．

2 新人が泣き出し，不安を覚えた出来事

花子さんが落ち着きをなくし，「家に帰る」と言い出したとき，あるときには「家に帰れないなら窓から飛び降りる」と言って，本当に窓によじ登ろうとしました．80歳のおばあさんが窓によじ登ろうとするまで「家に帰りたい」をここまで追い詰めるようなことをして，本当にききょうの郷にいることが必要なのかと思ってしまいました．

そんな花子さんをどうすることもできず，泣き崩れるスタッフも出てきました．

しかし，現実は家に帰っても一人暮らしだから生活できない，生きていけない．非常にリスクがある，ということもわかっていました．

わたしは泣き崩れるスタッフと何度も何度も話し合い，「家に帰っても暮らすことにリスクがある．だからここに居てもらわなければならないんだよ」と納得してもらうまで，スタッフと向き合いました．

スタッフにもわたしにも，「ここまでして入所してもらわなければならないのか？」という疑問はあったと思います．

でもここで，リーダーであるわたし自身が揺らいでいては，他のスタッフを納得させられないと思い，半ば強制的にまず自分自身を納得させました．それには，介護アドバイザーの髙口さん

や介護長，他部署のリーダー，部長など，自分の上司に相談しながら，自分の決意を固めていきました．

3　不注意でわたし（リーダー）がケガをしてしまった

花子さんの不穏時，「帰りたい，帰りたい」と暴れる花子さんのきんちゃくが私の顔に当たってしまいました．前歯が折れ，血が出てしまいました．わたしの不注意で当たってしまったのですが，スタッフみんなが花子さんを受け入れていこうとしていた矢先だったので，この事故が原因で花子さんがスタッフからいろいろ言われないだろうか，スタッフの気持ちが花子さんから離れていかないだろうかと心配しました．

わたしのケガよりも「花子さんを守りたい」という考えがすぐ浮かびました．それまでも花子さんは，スタッフの腕に噛みついて痣をつくったり，手をあげてしまったりと，あまりよいイメージがなかったため，だからこそ，花子さんを守らなければ，と思ったのでした．

このときなぜかわたしは，花子さんに語りかけていました．「こんなに暴れてばかりいたら，ここにいられなくなっちゃう．わたしは花子さんとここで生活したい．だから，お願い」と言いました．本人はわかっていたかどうかはわからないけれど，わたしは本当にこの花子さんが大切だったし，好きだった．だからこそ守りたいと思ったのでした．

4　花子さんを守るのは私しかいないと思っていた

次第に花子さんはスタッフの名前を覚えてくれるようになりました．認知症がひどく，昨日食べたものや何をしたかは忘れてしまうのに，名前を覚えてくれる．そして自分を頼ってくれたり嫌われたりしていくうちに，本当に一人のお年寄りとかかわることとはこういうことかなと感じさせられました．

はじめて入浴してくれたときには，スタッフみんなで喜びました．それからは花子さんが「お風呂に入りたい」と言ったら，その言葉を聞いたスタッフがすぐ対応し，「入浴してもらう」こととなりました．

次第に，花子さんがしてほしいことや買物に行きたいなどと，スタッフへいろいろと言ってくれるようになり，スタッフ全員が花子さんの言ったことは絶対やるんだ，という気持ちになっていました．

そうしていくうちに花子さんのリズムが読めるようになってきました．3日間穏やかに過ごすと4日目は落ち着かなくなってしまうようでした．スタッフは予め想定しながら業務をまわしたり，事前に考える余裕も出てくるほどでした．

花子さんと過ごし，お年寄りの気持ちに合わせ一緒に過ごす大切さ，1対1でしっかりと向き合う大切なケアを学んだ気がします．

そして入所当初はお年寄りもスタッフも不安であり，それを支え・不安を受け止めるのがリーダーの役目であること，もしリーダー自身が不安ならば，まず上司や他部署のリーダーに相談し支えてもらいながら，不安を取り除き，揺るがない決意をもたなければいけないのだと感じました．お年寄りを守るのはわたし（リーダー）なんだ，と．

実話編 7-1-7

新人担当者をいかしたサービスプランの作成（山本さんのケース）

　急変により入院されていた山本さんが，ききょうの郷へ久しぶりに帰ってきました．
　帰ってきた山本さんは痩せてしまい，寝たきりの状態でした．
　変わり果てた山本さんを見て，わたしたちは大変驚きました．
　状態もあまりよくなかったので，ご家族との話し合いをもちました．ご家族は病院ではなくききょうの郷で看ていただきたいと言われました．
　状態の重い方を看ることを先生（医師）はよく思ってはおられず，ご家族にも冷たい態度でした．

　佐藤さんの反省もあった３階のスタッフは，少しでも山本さんに元気になってもらいたいと思い，３階で看ることを決め，新人を中心にサービスプランを考えました．
　その新人と施設ケアマネジャーとわたし（主任）とで，ケアプランとサービスプランをご家族に説明し，納得していただき，判をいただきました．

　寝たきりだった山本さんを車いすに乗せて散歩に行ったり，入浴方法を考えた個浴も行いました．山本さんが言葉を出してくれるとスタッフみんなで喜びました．ご家族が遠方だったので，面会の際にはスタッフは今までの様子を細かく伝えました．

　ある日突然，急変されました．いつもの山本さんではないことに新人スタッフが気づきました．救急車で病院へ行かれましたが，亡くなりました．
　この最期のわずかな変化に気づくことができたのは，本当にスタッフが山本さんというお年寄りをしっかりと看ていたからだと思いました．

実話編 7-1-8

どんなお年寄りでも受け入れる覚悟（仲田さんのケース）

　わたしがリーダーになって数か月目に，非常に暴力的な認知症の男性のお年寄りを受け入れる話が入ってきました．

　仲田さんというその方はデイケアのご利用者で，ショートステイが大嫌いで，デイケアの最中でもスタッフに暴力をふるうことで，わたしも含めたスタッフ側に苦手意識があった人でした．

　受け入れには非常に不安があったので，フロア会議を開きました．その当時の会議は介護アドバイザーの髙口さんが進行役をつとめ，みんなから自発的な意見が出ることはなかったので，端から一人一人意見を言っていくというものでした．

　わたしもその会議で，「仲田さんをみていくことは不安」と発言してしまいました．仲田さんはかつてプロ野球選手だったこともあり，身体は大きくがっしりしているし，力は強い．とても体力的にも対応は無理だという気持ちがあったのです．

　髙口さんは残酷にも，「オマエなんかリーダーやめちゃいな」「そんなリーダーはフロアをだめにするだけ」とわたしに言いました．

　シーンとする会議のなかで，新人スタッフがポロリと，「仲田さんを受け入れたら，何か2階が変るような気がする．これを乗り越えられたら，何でも乗り越えられる気がする」と言いました．

　この言葉に，はっとしました．新人にこんなことを言わせてしまった，という気持ちと，新人に勇気づけられたような気がして，私は「まず仲田さんにできることを精一杯やってみようよ」と言いました．

　業務を仲田さん用に変更し，常に仲田さんに1名のスタッフがつくようにしました．それによりスタッフの人数が不足する場合（特に食事のとき）は，他部署の協力も得ることができました．

　当時の介護長は男性で，その近藤さんが施設に泊まりこんでくれたので，夜勤帯でスタッフが手薄になるときの不安も解消されました．

　施設全体が「仲田さんを受け入れるんだ」という気持ちとその実感が2階のスタッフを支えてくれました．特に上司が一緒にがんばろうとしてくれている姿勢が心強かったし，男性スタッフみんなが身体を張ってがんばってくれていました．

　1か月もすると仲田さんはききょうの郷での生活に慣れたようで，暴力をふるわなくなりました．

　仲田さんには，一人のお年寄りをみるということの意味を教えてもらいましたが，さらに，2階のスタッフをまとめてもらった気がしています．

実話編 7-1-9

藤田さんの床ずれ

　藤田さんには，入所当初から床ずれがありました．
　そしてききょうの郷に入所してから，さらに床ずれがひどくなってきました．
　当時のききょうの郷では，体位交換が統一されていなかったことや，そもそも床ずれに対して「治そう」という意識が薄いことも原因でした．
　リーダーとして，「しかたがない」と思いつつも，「なんかおかしい」と思い，介護アドバイザーの髙口さんに相談しました．
　そこで，「床ずれはよくなる」ことを聞かされ，自分の勉強不足であることがわかりました．

　まず，以下の3点のアドバイスをもらいました．
　・毎日入浴する（週2回から変更する）
　・処置回数を1日1回だったのを午前と午後に増やし，パット汚染に気をつける
　・食事の見直し（経管栄養のエネルギーを増やす）

　早速スタッフのみんなにその方針を伝えました．反対はありました．特に入浴介助を大変だと思っているスタッフからは，「それはできないよ」という意見も出ました．
　しかし，リーダーとしてこの方針を決定し，実行しました．
　すると，みるみる床ずれが治っていきました．わたし自身も内心は半信半疑だったのですが，最初は床ずれがポケット状になりもう無理かと思ったときもあったけれど，みんなで集中すれば本当に完治しました．藤田さんはきれいな状態でききょうの郷を退所できました．

　藤田さんのおかげで，床ずれに対してのスタッフみんなの考えかたや，本当に自分たちの介護次第で，治させるのかヒドクしてしまうのかなんだと痛感しました．

　なによりもご家族の方に喜んでもらえました．

実話編 7-1-10

クレームとリーダーの日勤張りつき（ショートステイの対応）

　2階の一番の悩みは，「ショートステイご利用者のクレームの多さ」でした．
　これはわたしがリーダーになる前から多く，わたし自身ショートステイはクレームが多いのは当たり前で改善できない．クレームの多いご利用者さんは嫌だなあ，と思っていたほどでした．衣類が足りない，ケガをさせた，お風呂に入っていないのではないか，などなど．
　なぜこんなにクレームが起きてしまうのか，原因は誰もわかりませんでした．ただ，ショートステイの方とフロアのスタッフとのかかわりは少なかった．

　とにかくリーダーであるわたしが3か月の限定で，日勤のリーダーとして張りつくことになりました．それまでは，日勤リーダーは存在しなく，定まった誰かが毎日フロア全体の状況を把握しているということはなかったのです．

　そうすると，クレームが減りました．家族とのかかわりをもてるのか，同じ出来事でもクレームにならないことが出てくるようになりました．
　日勤に同じ人がいるというのは，とてもよいことなんだと実感しました．
　ショートステイの受け入れ時・退所時もしっかりと送れる．ショートステイ中のことも自分の目で把握できる．責任感もわく．何より自分に自信がつきました．
　ご家族も面会にきたときに，知っている人がいる（＝同じスタッフがいる）というのは，とても心強いことなんだと実感しました．これが信頼関係なのかとはじめて感じました．

　そして日勤を通してお年寄りのこともよくわかったのですが，何よりもスタッフのことがよくわかりました．好きなケアやキライなケア．苦手な作業やお年寄りなど．いままでは一緒に働いていても気づかないようなことがたくさんわかりました．
　お年寄りとスタッフのことがわかると，リーダーとしてどのようにしたら，今日という日がうまくまとまるのか予想がつくようになり，以前より的確な指示が出せるようになりました．

実話編 7-1-11

皮膚病の持田さんと実習生の田中くん(組み合わせの大切さ)

　持田さんという皮膚病のおじいさんがいました．
　持田さんは，「かゆい，かゆい」と言ってナースコールをずっと押してくる方でした．
　薬を塗っても，何をしても治まりませんでした．
　なぜ「こんなにかゆがるのか？」がわからなかったため，徹底的に一人のスタッフがつくことになりました．ただ，スタッフの人数も十分ではなかったため，ちょうどききょうの郷に実習生として来ていた田中くんを担当としました．

　まず，毎日入浴してもらい，少しでもかゆみをとってもらうこととしました．もちろん入浴担当は毎日田中くんです．
　この毎日の入浴を通じて，持田さんと田中くんの関係が深まっていくようでした．
　そして次第に持田さんの表情がよくなり，2か月を過ぎたころには，「かゆい，かゆい」とナースコールを押すことがなくなりました．
　毎日の入浴により，かゆい患部が治癒したのか，それとも心の問題だったのか．結果は判断できませんが，持田さんが落ち着かれたことはとてもうれしいことでした．

　ききょうの郷のスタッフが持田さんをしっかりとみているつもりでいたのに，「かゆい」ことは生命に支障をきたすほどではないためか，真剣に向き合うことができなかった．軽んじていたのかもしれない．
　それを介護初心者ともいえる実習生の田中くんについてもらうことで，改めて自分たちスタッフに足りないものを教えてもらった気がしました．
　また，リーダーとしてお年寄りの状態が同じでも，担当する(つく)スタッフによって結果が違ってくることを実感させられたケースでした．

実話編 7-1-12

トイレの近い鈴木さんと新人の山下さん（組み合わせの大切さ）

　鈴木さんは，毎日転ぶおばあちゃんでした．
　トイレが近く，トイレが終わった帰り道に，また「トイレ」というくらいの感じでした．
　転倒は，だいたいトイレを自分でやろうとしての転倒，またはトイレに行こうとして，車いすをこいでいるときの前のめりの転倒（足でこいでいるため）．
　スタッフの間では，「どうしよう．あれだけトイレが近いと対応できない」という声が多く，転倒を防止する策がみつかりませんでした．

　このときも，徹底的にスタッフがつくことで転倒防止をしようということになりました．持田さんのときと同様にスタッフの人手不足もあり，新人の山下さんが，鈴木さんに一日中つくことになりました．
　山下さんには，
　・トイレに行きたいと言ってきたら，すぐに介助してほしい
　・トイレ以外は鈴木さんについていて話しをしてほしい
　・詳しいこと（話の内容や鈴木さんの言葉や表情）はカルテに記入する
ことを伝えました．

　3週間ほどして，転倒はまったくなくなりました（常に山下さんがついているので，当たり前ではありますが）．なによりも，トイレの回数がとっても減りました．そして鈴木さんの表情が明るくなりました．
　山下さん自身も入職してすぐのことだったので，最初は慣れずに，どうしたらいいかわからなかったようですが，とにかく鈴木さんに専念してもらいました．
　今では山下さんにとって一番好きなお年寄りは鈴木さんになっています．

　結局ベテランのスタッフたちは，持田さんにも鈴木さんにも，みているつもりでもみれていなかったし，本当に持田さんの「かゆみ」や，鈴木さんの「転倒」を何とかしようとしていたのか……．
　日頃の業務多忙で，一人のお年寄りをみるということがわからなくなってしまうようです．

　そんなときに，あるお年寄りのいわゆる問題行動（BPSD）を通じて，一人のお年寄りに集中する，かかわると，お年寄りがみるみるよくなっていく．そういったお年寄りから教えてもらうことも，ときどき必要なんだなあと感じました．

　自分の目の前で変っていくお年寄りが一番説得力があるんだと思います．

第1表

施設サービス計画書（1）

初回 ・ 紹介 ・ 継続　　　　認定済 ・ 申請中

利用者名　　　　　　殿　　生年月日　年　月　日　　住所

施設サービス計画作成者氏名及び職種

施設サービス計画作成介護保険施設名及び所在地

施設サービス計画作成（変更）日　　年　月　日　　　　初回施設サービス計画作成日　年　月　日

認定日　年　月　日　　認定の有効期間　年　月　日　～　年　月　日

要介護状態区分　　要介護1 ・ 要介護2 ・ 要介護3 ・ 要介護4 ・ 要介護5（その他：　　　）

利用者及び家族の介護に対する意向	

介護認定審査会の意見及びサービスの種類の指定	

統合的な援助の方針	

第2表

施設サービス計画書(2)

利用者名　　　　　　　殿

生活全般の解決す	援助目標				サービス内容	援助内容		
べき課題(ニーズ)	長期目標	(期間)	短期目標	(期間)		担当者	頻度	期間

第3表

週間サービス計画表

利用者名　　　　　　殿

		月	火	水	木	金	土	日	主な日常生活上の活動
深夜	4:00								
早朝	6:00								
午前	8:00								
	10:00								
	12:00								
午後	14:00								
	16:00								
	18:00								
夜間	20:00								
	22:00								
深夜	24:00								
	2:00								
	4:00								

週単位以外
のサービス

(注)「日課表」との選定による使用可。

サービスプラン　タイプA

看護介護計画書 ①

お客様氏名：＿＿＿＿＿＿＿＿＿＿様

作成担当者	説明担当者	看介護計画書 変更内容	看介護計画書 作成年月日	説明同意年月日	同意署名欄 本人又は家族

〈要介護・要支援状態区分〉

認　定　日	要介護・要支援状態区分	認定期間	特記事項
H　年　月　日	支援・1・2・3・4・5	H　年　月　日　～　H　年　月　日	
H　年　月　日	支援・1・2・3・4・5	H　年　月　日　～　H　年　月　日	
H　年　月　日	支援・1・2・3・4・5	H　年　月　日　～　H　年　月　日	
H　年　月　日	支援・1・2・3・4・5	H　年　月　日　～　H　年　月　日	
H　年　月　日	支援・1・2・3・4・5	H　年　月　日　～　H　年　月　日	

〈施設サービス計画作成日〉

	作成日	担当介護支援専門員		作成日	担当介護支援専門員
作成日	年　月　日		作成日	年　月　日	
変　更	年　月　日		変　更	年　月　日	
変　更	年　月　日		変　更	年　月　日	

解決すべき課題（ニーズ）	長期援助目標	短期援助目標

（介護老人保健施設　鶴舞乃城）

サービスプラン タイプA

看護介護計画書 ②

お客様氏名：＿＿＿＿＿＿＿＿＿＿様

③援助内容

	サービス内容	具体的な対応	評　価	変　更
食事（口腔も含む）				
排泄				
入浴				
移動				
環境設定・生活空間				
生活リハビリ				
その他				

（介護老人保健施設　鶴舞乃城）

サービスプラン　タイプＢ

看護介護アセスメント表 ①

お客様氏名：＿＿＿＿＿＿＿＿＿＿様　記入日　（Ｈ　．　．　）　　担当者氏名：＿＿＿＿＿＿＿

①食事：　自立　・　一部介助　・　全介助　（＊　　　　　　　　　　　　　　　　　　　　　　　　　）
　〈食事内容〉　普通　・　きざみ　・　ミキサー　・　おかゆ　・　その他補食等（　　　　　　　　　　）
　　　　　　　　＊
　〈使用物品〉　箸　・　フォーク　・　スプーン　・　エプロン　・　その他食器等（　　　　　　　　　　）
　　　　　　　　＊
　〈口腔ケア〉　自立　・　一部介助　・　全介助　（＊　　　　　　　　　　　　　　　　　　　　　　　）

　〈義　歯〉　あり（　上　・　下　・　部分　）　・　なし（＊　　　　　　　　　　　　　　　　　　　）
　〈特記事項〉

②排泄：　自立　・　一部介助　・　全介助　（＊　　　　　　　　　　　　　　　　　　　　　　　　　）
　〈使用物品〉　オムツ　・　尿とりパット　・　紙パンツ　・　尿器　・　留置カテーテル　・　その他（　　　）
　〈特記事項〉

③入浴：　自立（見守り）　・　一部介助　・　全介助　（＊　　　　　　　　　　　　　　　　　　　　　）
　〈浴槽〉　三人浴槽　・　二人浴槽　・　一人浴槽　・　一人浴槽（小）　・　シャワー浴（＊　　　　　　）
　〈使用物品〉　椅子（　普通　・　シャワー　・　キャリー　）・　マット　・　滑り止めマット
　　　　　　　浴槽内台（高さ：　　　　　）・　その他（　　　　　　　　　　　　　　　　　　　　　）
　〈特記事項〉

④移動：　自立　・　一部介助　・　全介助　（＊　　　　　　　　　　　　　　　　　　　　　　　　　）
　〈使用物品〉　車椅子　・　杖　・　押し車　・　歩行器　・　その他（　　　　　　　　　　　　　　　）
　〈特記事項〉

（介護老人保健施設　鶴舞乃城）

サービスプラン　タイプB

看護介護アセスメント表 ②

お客様氏名：＿＿＿＿＿＿＿＿＿＿様　　担当者氏名：＿＿＿＿＿＿＿＿　　担当看護師：＿＿＿＿＿＿＿＿

〈主病名〉＿＿＿

定 期 処 方 薬	就 寝 薬	特記事項・その他

〈環境設定・生活空間〉

〈コンタクトパーソンにおける観察と方針〉

（介護老人保健施設　鶴舞乃城）

| サービスプラン　タイプC |

看護介護個別援助計画（サービスプラン）

ユニット名（　　　）作成者　　　　　　　　
利用者氏名　　　　　　　様　　歳　部屋番（　　　）作成日　年　月　日

	方　法	理　由	注意事項
食　事			
排　泄			
入　浴			
レクリエーション			
健康管理			
家族希望その他			

（介護老人保健施設　鶴舞乃城）

個人記録

経過記録

平成　　年

氏名　　　　　　　　　　　　様　　歳

日付	時間	サービス内容	経　過　内　容	サイン

（介護老人保健施設　鶴舞乃城）

休日勤務報告書

申請日	勤務日	休日勤務報告		勤務時間		理由	所属長	主任
／	／	手当支給	（　：　～　：　）		時間			
		代休振替	（　　／　　）		分			
		休憩	（　：　～　：　）		分			
／	／	手当支給	（　：　～　：　）		時間			
		代休振替	（　　／　　）		分			
		休憩	（　：　～　：　）		分			
／	／	手当支給	（　：　～　：　）		時間			
		代休振替	（　　／　　）		分			
		休憩	（　：　～　：　）		分			
／	／	手当支給	（　：　～　：　）		時間			
		代休振替	（　　／　　）		分			
		休憩	（　：　～　：　）		分			
／	／	手当支給	（　：　～　：　）		時間			
		代休振替	（　　／　　）		分			
		休憩	（　：　～　：　）		分			

休日勤務集計

休日	時間	分
深夜	時間	分

給与担当

※ 休日勤務は所属長の指示もしくは許可がなければしてはならない。
※ 所属長は休日勤務させる時は振替休日もしくは手当支給のいずれかの指示をすること。
※ 振替代休は原則として休日勤務をした日から1週間以内とする。
※ 報告書の提出は休日勤務の翌日とする。
※ 手当支給・代休振替のどちらかに〇を付けてください。

遅刻・早退・外出・欠勤・特休届

申請日	当該文字を〇で囲む	期間・理由		所属長	主任
／	遅刻 ・ 早退 ・ 外出　　欠勤 ・ 特休	／　　：　～　：	理由		
／	遅刻 ・ 早退 ・ 外出　　欠勤 ・ 特休	／　　：　～　：	理由		
／	遅刻 ・ 早退 ・ 外出　　欠勤 ・ 特休	／　　：　～　：	理由		
／	遅刻 ・ 早退 ・ 外出　　欠勤 ・ 特休	／　　：　～　：	理由		
／	遅刻 ・ 早退 ・ 外出　　欠勤 ・ 特休	／　　：　～　：	理由		

遅刻・早退・外出集計

給与担当

欠勤	日
特休	日

回数	回
時間	時間　分

※ 届は希望日の3日前までに所属長へ提出すること。
※ 突発的な休み（特休・欠勤）、遅刻については必ず始業前に所属長に連絡し許可を得ること。
※ 必ず本人が書くこと。但しやむを得ない場合は代理を認める。

（介護老人保健施設　鶴舞乃城）

時間外勤務報告書

(平成　年　月分)

部署 _____　　　　　氏名 _____ 印

申請日	勤務日	時間外勤務報告	勤務時間	理　由	勤務	所属長	主任
／	／	：　～　：	時間　分		朝　遅　日　夜　明		
／	／	：　～　：	時間　分		朝　遅　日　夜　明		
／	／	：　～　：	時間　分		朝　遅　日　夜　明		
／	／	：　～　：	時間　分		朝　遅　日　夜　明		
／	／	：　～　：	時間　分		朝　遅　日　夜　明		
／	／	：　～　：	時間　分		朝　遅　日　夜　明		
／	／	：　～　：	時間　分		朝　遅　日　夜　明		
／	／	：　～　：	時間　分		朝　遅　日　夜　明		
／	／	：　～　：	時間　分		朝　遅　日　夜　明		
／	／	：　～　：	時間　分		朝　遅　日　夜　明		
／	／	：　～　：	時間　分		朝　遅　日　夜　明		
／	／	：　～　：	時間　分		朝　遅　日　夜　明		
／	／	：　～　：	時間　分		朝　遅　日　夜　明		
／	／	：　～　：	時間　分		朝　遅　日　夜　明		
／	／	：　～　：	時間　分		朝　遅　日　夜　明		
／	／	：　～　：	時間　分		朝　遅　日　夜　明		

時間外勤務集計

普通	時間　分
深夜	時間　分
早朝	時間　分

就業時間に含む計（8時間以内）
時間外に含む計（8時間以上）

パート勤務者集計

	時間　分
普通	時間　分
深夜	時間　分

給与担当

※ 所属長の指示もしくは許可がなければ時間外勤務をしてはならない。
※ 報告書の提出は時間外勤務の翌日とする。

承認	事業部長	次　長	所属長

（介護老人保健施設　鶴舞乃城）

服務変更届

申請者	申 請 日	平成　年　月　日（　）
	所　属	
	氏　名	㊞

	氏　名	月　日	変 更 前	変 更 後
変更希望者	㊞			
代替者	㊞			
代替者	㊞			

変更理由

上司所見

- 勤務の変更は事前に所属長の許可を得ること
- 原則として一週間前に届け出ること
- 代替者を必ず立てること

事業部長	課長	看介護長	

（介護老人保健施設　鶴舞乃城）

購入等依頼書兼発注書

請求元部署							

品　名	単位	請求数量	手持在庫	仕様・規格 (指定のある場合はメーカー・ページを記入すること)	購入等目的理由	概算金額	備　考

事業部長	所属長	請求者
月　日	月　日	月　日
	月　日	月　日

（介護老人保健施設　鶴舞乃城）

会議開催届

以下のとおり会議を開催いたしたく、内容を添えて提出します。　　提出日　平成　　年　　月　　日

会議名称	責任者　　　　　　　　　㊞
主　　旨	
開催日	平成　　年　　月　　日　曜日　　　時間　　　　〜
場　　所	司会　　　　　記録
参加者	
内　　容	

施設長	事業部長	課長	看介護長			担当者

（介護老人保健施設　鶴舞乃城）

会議報告書（A）

提出日　平成　　年　　月　　日　　添付資料　　あり　・　なし

会議名称	責任者　　　　　　　　㊞
主　　旨	
開催日	平成　　年　　月　　日　　曜日　　　時間　　　　～
場　　所	司会　　　　　記録
参加者	
議　　題	① ② ③ ④ ⑤
決定事項 及び方針	
未協議事項	
次回議題	
	次回会議日程　　平成　　年　　月　　日（　）　開催時間　　　～

施設長	事業部長	課長	看介護長			担当者

（介護老人保健施設　鶴舞乃城）

会議報告書(B)

(会議記録)

議題番号	内容

(介護老人保健施設　鶴舞乃城)

（事故・状況）報告書

提出日　平成　　年　　月　　日

| 部署名 | 氏名 | ㊞ |

| お客様氏名 | 事故発生場所 |

発生（見）日時　平成　　年　　　月　　　日　　曜日　　時　　分

|事故内容|　1.転倒・転落　2.誤嚥・誤飲　3.誤薬　4.離設・行方不明　5.盗難・紛失
　　　　　6.交通事故・違反・車両事故　7.喧嘩・暴力行為（職員・お客様）8.褥創
　　　　　9.その他（　　　　　　　　　　　　　　　　　　　　　　　　　　　）

|発生時のお客様・職員の状況および職員の対応|（いつ・どこで・誰が・どんなふうに・何を・どうしたのか）

|状況図|　　　　　　　　　　　　　　　　　|受傷部位|

|事故後の医療的な処置|　　　　　　　処置担当者

※経過観察のポイント

原　因	
職員側	
お客様側	

事故防止の改善

事故再発防止を関係職員にどう伝えたか

事故報告連絡経路　　（報告時間・方法を明記してください）

発見者

家族説明内容	ご家族名（　　　　　　　　　）続柄（　　　　　　）方法（　　　　　　）
	家族説明担当者（　　　　　　　）説明日時　平成　　年　　月　　日（　　）

家族の理解状況

再説明の必要　（　有・無　）

施設長	事業部長	看介護部長	リハビリ課長	相談室長	ケアマネジャー	相談員	看介護長	主　任

（介護老人保健施設　鶴舞乃城）

施設外研修受講申請書

申請者	申請年月日	平成　年　月　日　曜日
	所　　属	
	氏　　名	㊞

研 修 の 名 称	
主　催　者	
開 催 地（場 所）	
開催日・時間	
受　講　者	
目 的 と 必 要 性	
受 講 後 の 活 用	
上　司　所　見	
費 用 概 算 （1名あたり）	受　講　料　　　　　円 旅費概算額　　　　　円 仮 払 金　　　　　円　（合計額）　　　　　円
交　通　機　関	航空機・新幹線・電車・施設車両・自家用車両・その他

施 設 長	事業部長	課　長	看介護部長		

（介護老人保健施設　鶴舞乃城）

研修報告書

所属　　　　　　　氏名

研 修 日	平成　年　月　日　曜日
研 修 名	

研修内容

研修で学んだ事・感想

施 設 長	事業部長	課 長	看護介護長		

（介護老人保健施設　鶴舞乃城）

企画書（A）

起案者	起案年月日	平成　　年　月　日（　曜日）
	所　属	
	氏　名	㊞

件　名	
目　的	
具体的な内容	
必要物品	
購入物品	
必要車両	台（　　　）　必要運転手　　　人（　　　）
所　見	

施設長	事業部長	看介護部長	リハビリ課長	相談室室長	看介護長	主　任	関係部署

（介護老人保健施設　鶴舞乃城）

企画書(B)

平成　　年　　月　　日（　　曜日）

（介護老人保健施設　鶴舞乃城）

企画実施報告書(A)

平成　年　月　日　曜日

件　名	
所　属	氏　名　　　　　　　　　　　　　　　㊞

参加者	
報告内容	
所　見	

施設長	事業部長	看介護部長	リハビリ課長	相談室長	看介護長	主　任	関係部署

（介護老人保健施設　鶴舞乃城）

企画実施報告書(B)

平成　年　月　日　曜日

（介護老人保健施設　鶴舞乃城）

【著者略歴】

髙口 光子（たかぐち みつこ）

横浜市に生まれ，幼少期を北九州市で過ごす

1982年	高知医療学院理学療法学科卒業・理学療法士免許取得（奨学金のお礼奉公として，福岡県のある医療グループに勤務．同グループの諸問題に遭遇し，老人医療に疑問をもつ．2年6か月の勤務後，託児所のある病院を求めて退職）
1985年	社団法人福岡医療団千鳥橋病院勤務（地域医療・地域リハビリテーションを通して，老人ケアの実践を目指す．家庭の都合で熊本県へ転居）
1987年	医療法人社団黎明会宇賀岳病院リハビリテーション科科長（老人病院での生活ケア・生活リハビリテーションの実践に取り組む）
1994年	社団法人熊本県理学療法士協会理事
1995年	社会福祉法人熊本南福祉会特別養護老人ホームシルバー日吉勤務（老人の生活に密着した介護現場を求め理学療法士から寮母への転身として話題になる）
1996年	シルバー日吉介護部長
1998年	介護支援専門員資格取得
1999年	シルバー日吉デイサービスセンターセンター長・シルバー日吉在宅部長
2000年	介護福祉士免許取得
2002年	介護アドバイザーとして看護・介護のリーダー養成活動を展開する．湖山医療福祉グループ経営管理本部企画教育推進室室長
2006年	介護老人保健施設鶴舞乃城看護介護長
2007年	介護老人保健施設鶴舞乃城看介護部長

主な著書　仕事としての老人ケアの気合（医歯薬出版），病院でひらいた生活ケア（筒井書房），ユニットケアという幻想（雲母書房），シルバー日吉の手作りケアマニュアル（共著，熊本南福祉会），介護リーダーの超技法（雲母書房），いきいきザ老人ケア（医学書院「第1回いきいき大賞」受賞），介護保険時代の新地域リハビリテーション（共著，厚生科学研究所），リーダーのためのケア技術論（関西看護出版），認知症介護びっくり日記（講談社）ほか

ブログアドレス　http://blog.livedoor.jp/mituko77takaguchi/

杉田 真記子（すぎた まきこ）（旧姓：春日井（かすがい））

愛知県一宮市（旧尾西市）に生まれる

1995年	東京工業大学理工学研究科建築学専攻修了（高齢者施設を研究しながら，週2日2年間にわたり特別養護老人ホームで働かせてもらう）．都市計画コンサルティング会社に勤務（福祉の現場と行政の中間に立ち，パイプ役になるんだと意気込んで就職したが甘かった．入社6年目に父親の病気を機に退職し実家に戻る）
2000年	春日井不動産株式会社に勤務．1級建築士資格取得
2001年	アドバイザーとして仕事を組むために高口さんと知り合う．第1印象は「おとなしい方だなあ．この人がアドバイザーできるのかな？」だったが，数時間後には杉田が涙を流す（高齢者福祉の考えかたを聞き，高口さんのお役立ちたいと思うようになる）
2002年	ききょうの郷へ介護アドバイザーに入りながら入浴棟の基本設計，デイサービスセンターそてつ・デイサービスセンター松本の基本設計を担当．その後出産．父親の死亡により実家の不動産業を膨大な負債とともに引き継ぐ
2004年	建築士の仕事を再開するとともに「高口光子のリーダー論」の本格的なまとめにとりかかる

現在は子ども4人の母親

主な著書　髙口光子の介護保険施設における看護介護のリーダー論（医歯薬出版，2005），髙口光子の介護保険施設における看護介護のリーダー論 その2（医歯薬出版，2007），髙口光子の介護保険施設における看護介護のリーダー論 その3（医歯薬出版，2011）

髙口光子の
はじめてのケアリーダー編
介護保険施設における看護介護のリーダー論　その2

ISBN978-4-263-71935-0

2007年11月20日　第1版第1刷発行
2020年10月10日　第1版第7刷発行

著者　髙口　光子
　　　杉田　真記子
発行者　白石　泰夫
発行所　医歯薬出版株式会社
〒113-8612　東京都文京区本駒込1-7-10
TEL. (03)5395-7618（編集）・7616（販売）
FAX. (03)5395-7609（編集）・8563（販売）
URL. https://www.ishiyaku.co.jp/
郵便振替番号 00190-5-13816

印刷・真興社／製本・榎本製本
乱丁，落丁の際はお取り替えいたします
Ⓒ Ishiyaku Publishers, Inc., 2007. Printed in Japan

本書の複製権・翻訳権・翻案権・上映権・譲渡権・貸与権・公衆送信権（送信可能化権を含む）・口述権は，医歯薬出版（株）が保有します．

本書を無断で複製する行為（コピー，スキャン，デジタルデータ化など）は，「私的使用のための複製」などの著作権法上の限られた例外を除き禁じられています．また私的使用に該当する場合であっても，請負業者等の第三者に依頼し上記の行為を行うことは違法となります．

JCOPY　<出版者著作権管理機構　委託出版物>

本書をコピーやスキャン等により複製される場合は，そのつど事前に出版者著作権管理機構（電話03-5244-5088，FAX 03-5244-5089，e-mail：info@jcopy.or.jp）の許諾を得てください．